哈佛
极简经济学

如何理性思考感性选择?

**Harvard Economics of
Minimalist**

Everything You Need to Know

斯凯恩◎著

江西人民出版社
Jiangxi People's Publishing House
全国百佳出版社

图书在版编目（CIP）数据

哈佛极简经济学/斯凯恩著. ---南昌：江西人民

出版社，2017.2

ISBN 978-7-210-08955-1

Ⅰ. ①哈… Ⅱ. ①斯… Ⅲ. ①经济学－通俗读物

Ⅳ. ①F0-49

中国版本图书馆CIP数据核字（2016）第289389号

哈佛极简经济学

斯凯恩 / 著

责任编辑 / 冯雪松

出版发行 / 江西人民出版社

印刷 / 固安县保利达印务有限公司

版次 / 2017年2月第1版

2018年12月第3次印刷

720毫米×1000毫米　1/16　20印张

字数 / 266千字

ISBN 978-7-210-08955-1

定价 / 39.80元

赣版权登字—01—2016—758

如有质量问题，请寄回印厂调换。联系电话：010-64926437

前言
preface

　　经济学研究的是人们身边的世界，它揭示的是复杂世界背后的简单道理。经济学是一门经世致用的学问，小到家庭消费、生产经营，大到国际贸易、宏观调控，都是其研究的对象。萨缪尔森说得好："学习经济学并非要让你变成一个天才，但是不学经济学，命运很可能会与你格格不入。"无论是政府决策，还是日常生活中的柴米油盐、衣食住行，人们都可以从经济学中获得有益的启示。

　　事实上，经济学也不是一门艰涩难懂的学问。在经济学大师米尔顿·弗里德曼眼中，"经济学是一门迷人的科学，最令人着迷的是，经济学的基本原理是如此简单，只要一张纸就可以写完，而且任何人都可以了解。"萨缪尔森则开玩笑说，如果能教会鹦鹉说"需求"和"供给"这两个词，这只鹦鹉就可以成为一个经济学家。

　　经济学被称为显学，但对于许多号称行家里手的人来说，要真正理解经济学，尤其对身边的经济学能说出个子丑寅卯来，并非易事。对于那些正在学习经济学的年轻人来说，最苦恼的莫过于如何入门，如何真正理解经济学那些枯燥无味的东西。谁会把你领进门呢？本书不会让你失望。

　　经济学与人们的生活如此密切，但是它的高深面孔却吓退了许多人。

不用说那复杂的数学模型和演算公式，单是那晦涩的经济术语，也会让大多数读者望而却步。难道经济学只能成为少数经济学者在课堂上或书斋里的阳春白雪式的欣赏品吗？有没有一种通俗易懂、简便快捷、生动形象地学习经济学的好方法呢？答案是肯定的。用生动的故事和生活中的实际事例来解释深奥的经济学原理，经济学将会更加生动有趣！

尽管你可能不懂什么是边际成本、边际效用，不知道什么是机会成本，但作为一个经济人，你在日常的生活中，实际上正在实践着经济学。众所周知，酒足饭饱以后，再让你吃什么山珍海味，你也会倒胃口，这就是边际效用递减规律在起作用。可是将这些经济学规律用于生产经营活动，指导你的生活，甚至求解命运的方程，你可就无法从理性的角度来理解了。

本书以轻松的笔调和有趣的故事，讲述经济学的知识，并穿插以丰富的知识链接，以此拉近经济学与人们日常生活的距离，使读者零距离地感受到经济学的魅力。

本书的最大特色在于：运用大量生活事例、历史故事，将那些高深的经济学道理用浅显易懂的语言娓娓道来，简洁明了，通俗易读，让你摆脱啃大部头经济学著作时的费力和烦躁。即使你未曾学习过经济学，也丝毫不会影响你阅读本书的兴致。

无论你是普通读者，还是专业人士，相信都能从本书中感受到阅读的乐趣和得到智慧的启迪。希望本书能成为你打开人生幸福之门的一把钥匙，助你更快、更好地走向成功！

目录
contents

经济学原理篇

微观经济学篇

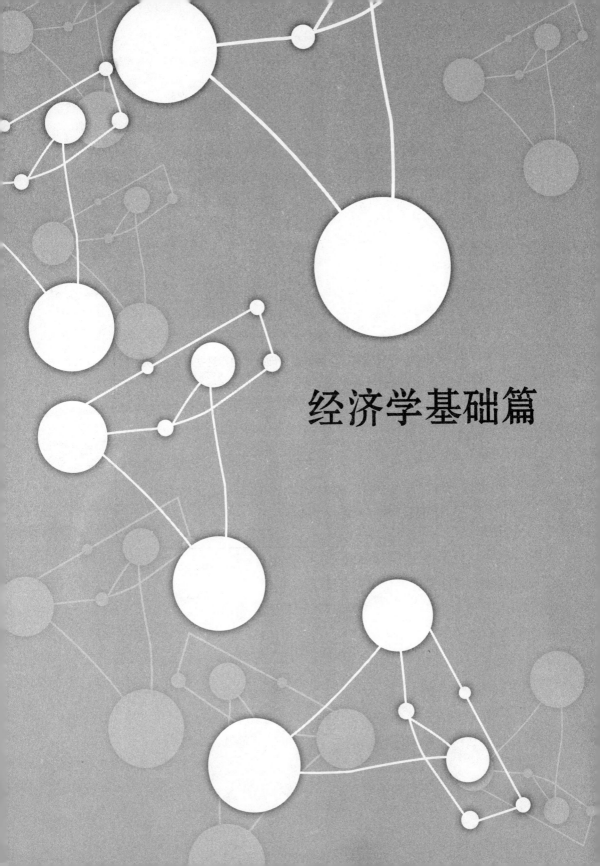

经济学基础篇

现代经济学是建立在一系列假设基础之上的，这些基本的假设包括：人是理性的，理性人在权衡利弊作选择时的信息是充分的，社会是建立在分工的基础之上的，分工之后的人按照价格机制的调节自行安排生产与消费。

这些假设涉及一系列经济学家提出的概念和术语，例如理性经济人、效用、成本与收益、投入与产出、供给与需求、偏好等。

这些假设和术语，是学习经济学的入门课。

 # §01 让别人无私奉献的人，
99%是骗子1%是政客

理性经济人：主观上自私自利，客观上服务社会

　　有人杜撰了一个君子国。在君子国里，人人都大公无私，绝不存有半点私心。

　　君子国也有交易行为，但卖者却少要钱，而买者却要多给钱。以下是其中的一幕场景：

　　买东西的人说："我向你买东西所付的钱已经很少了，你却说多，这是违心的说法。"

　　卖东西的人说："我的货物既不新鲜，又很平常，不如别人家的好。我收你付价的一半，已经显得很过分，怎么可能收你的全价呢？"

　　买东西的人说："我能识别好货物，这样好的货物只收半价，太有失公平了。"

　　卖东西的人又说："如果你真想买，就照前价减半，这样最公平。如果你还说这价格太低了，那你到别的商家那儿去买，看还能不能买到比我这儿更贵的货物。"

　　一番争执后，买东西的人给了全价，拿了一半的货物转身就

走。卖主坚决不让走，路人驻足观看，都说买东西的人"欺人不公"。最后，买东西的人拗不过大家，只好拿了上等与下等货物各一半才离开。

经济学家发现所有人都是理性经济人，就是一切行为的目标只为个人利益最大化。因此，君子国中人人利他的思想和行为是不会在现实经济生活中出现的。

理性经济人又称经济人假设，经济学正是在理性经济人的假设下研究资源既定时的利益最大化问题。

亚当·斯密在《国富论》中对理性经济人作了这样的阐述："我们每天所需要的食物和饮料，不是出自屠户、酿酒家和面包师的恩惠，而是出于他们自利的打算。我们不说唤起他们利他心的话，而说唤起他们利己心的话；我们不说我们自己需要，而说对他们有好处。"

由此来看，人和人之间是一种交换关系，能获得食物和饮料，是因为每个人都要获得自己最大的利益。理性经济人是在不懈地追求自身最大限度满足的理性的人。这说明人是自利的，同时人又是理性的。也就是说，每个人做事情都是为了有利于自己，并且每个人都知道做什么事情和怎样做事情才能有利于自己。

经济人都是以自身利益的最大化作为自己的追求。当一个人在经济活动中面临若干不同的选择机会时，他总是倾向于选择能给自己带来更大经济利益的那种机会，即总是追求自身最大的利益。

当然，自利并不完全等于自私。例如，一个虔诚的基督教徒由于相信上帝，充满了行善的愿望，他人得到幸福时，他会觉得自己也幸福——他是自利的，但并不自私。

也许有人会有这样的疑问：人人都是理性经济人，都是理性且自利的，社会秩序不会变得紊乱？以亚当·斯密为代表的经济学家给出了回答："他追求自己的利益，往往使他能比在真正处于本意的情况下更有效地促进社会的利益。"也就是说，人人都是理性经济人，更能在客观上维护社会的秩序。换句话说，理性经济人主观上一切为自己的私利打算，客观上却能增加整个社会的福利。

经济学认为所有人都是理性经济人，并不是赞扬利己性，只是承认它是无法更改的人性，承认理性经济人的存在只是对人类趋利本性的一个认识和引导。在现实的经济活动中，人们不可能为了实现自身利益最大化就不择手段，必须遵循市场经济的规律以及法律制度的约束。

·········极简经济学·········
经济人与道德人

亚当·斯密在《道德情操论》中阐述了人性不同于经济人的另外三个方面：同情心，正义感，行为的利他主义倾向。这些方面是人的道德性的体现，这种伦理思想后来被发展成"道德人"理论。

$02 精于算计的理性人，为何也会被人看成是傻瓜

有限理性：任何人都不可能是完全的理性人

有个小偷看见别人的院子里吊着一口大钟，他心里高兴极了，想把这口精美的大钟背回自己家去。可是钟又大又重，怎么也挪不动。他想来想去，只有一个办法，那就是把钟敲碎，然后一块一块地搬回家。

小偷找来一柄大锤，拼命朝钟砸去，钟发出了巨大的声响。小偷情急之下想到一个好办法：使劲捂住自己的耳朵。于是，他立刻找来两个布团，把耳朵塞住。就放手砸起钟来，钟声响亮地传到很远的地方。人们听到钟声蜂拥而至，把小偷捉住了。

在经济生活中，人们都是理性经济人，只不过这种理性是有限理性。理性人的主观意愿就是最大限度地为自己谋福利，但能不能谋到福利是另一回事。以最少的成本获得最大的收益是经济人的理性选择，但由于人对事物的计算能力和认识能力是有限的，因而人们的理性往往表现为有限理性。

上述"掩耳盗钟"的故事讽喻了小偷的愚笨。但小偷仍旧是一个理性经济人，他精于算计：要把大钟偷回家，就必须把大钟砸碎，但砸钟会发出声响，必须阻止钟声的传播，于是，他选择了堵住自己的耳朵。为什么小偷是一个理性人，却还被视做傻瓜？因为他并不是一个完全理性人，只是一个有限理性人。

在生活中，人们因为有限理性而对"得失"的判断屡屡失误，事实上人们都做了理性的傻瓜。

假设有一种情况：纽约著名的卡内基音乐厅将上演一场有世界众多明星参加的演唱会，票价很高，需要200美元，这是你梦寐以求的演唱会，很早就买到了演唱会的门票。演唱会的晚上，你正准备出门，却发现门票丢了。这时你会再买一次门票吗？

假设是另一种情况：同样是这场演唱会，票价也是200美元。但是这次你没有提前买票，你打算到了卡耐基音乐厅后再买。刚要从家里出发的时候，你发现自己不知什么时候把刚买的价值200美元的MP4给弄丢了。这个时候，你还会花200美元去买这场演唱会的门票吗？

与在第一种情况下选择再买演唱会门票的人相比，在第二种情况下选择仍旧购买演唱会门票的人绝对不会少。从客观上来讲，这两种情况是没有区别的：在你愿意花200美元去听演唱会的前提下，你面临的都是损失了200美元的价值，然后你需要选择是否再花200美元去观看演出。只不过在第一种情况下，你是因丢了一张票而损失了200美元，而在第二种情况下你是因为丢了MP4而损失了200美元。

同样是损失了价值200美元的东西，为什么大多数人会有截然不同的选择呢？其实对于一个理性人来说，他的理性是有限的，在他们心里，对每一枚硬币并不是一视同仁的，而是视它们来自何方、去往何处采取不同的态度，这是一种非理性的情况。

人们都是理性经济人，但"智者千虑，必有一失"，任何人都不可能是完全的理性人。在纷繁的市场上，人们应学会去认识世界，分析事物，不要做理性的傻瓜！

·········极简经济学·········
有限理性

　　有限理性最初是阿罗提出的，他认为有限理性就是人的行为"既是有意识的理性的，但这种理性又是有限的"。一是人们面临的是一个复杂的、不确定的世界，而且交易越多，不确定性就越大，信息也就越不完全；二是人对环境的认识能力是有限的，不可能无所不知。

§03 如果有天堂，天堂里一定没有经济学家

资源的稀缺性：人类面临的永恒问题，也是经济学的研究对象

一位游客在食人族聚居的岛上旅行，路过一个人脑专卖店，见其橱窗上贴着一张价目表：

艺术家脑每磅9元，哲学家脑每磅12元，科学家脑每磅15元，经济学家脑每磅219元。

游客因此得出经济学家的脑袋最受食人族欢迎的结论，因为根据供求定律，只有越多人要买，价格才会越高。

询问店主，哪知答案完全相反："经济学家大多无脑，不知要多少个经济学家才有一磅脑，物以稀为贵，经济学家脑的价格因而较高！"

上述故事虽然是对经济学家的调侃，但是揭示出一个经济学的道理："物以稀为贵。"在经济学里，稀缺用来描述资源的有限可获得性。人的欲望是无限的，但资源是有限的，相对于无限的欲望，有限的资源就是稀缺的。

稀缺性是经济物品的显著特征之一。"稀缺"两字代表着两种不同的含义：一是稀有的；二是紧缺的。经济物品的稀缺并不意味着它是稀少的，而是指它不可以免费得到，要得到这样一种物品，必须自己生产或用其他经济品来加以交换。

稀缺是每个人都必须面临的问题，当你想要考取一所名牌大学时，当你想要追求一个可爱美女或"钻石王老五"时，当你想买一个LV限量包时，都会面临资源稀缺的问题，那是不是亿万富翁就无须面对稀缺的烦恼了呢？其实不是，对于比尔·盖茨这样的人来讲，或许他想要在更短的时间内做更多的慈善事业，或许他想要多拿些时间陪伴家人，享受更多的家庭温暖，对于他们这样的人来说，时间总是稀缺的。

资源的稀缺性是人类社会永恒的问题，经济学产生于稀缺性的存在。人类的欲望总是超过了能用于满足欲望的资源，正是资源的稀缺性引起了竞争与合作。竞争就是争夺对稀缺资源的控制，竞争是社会配置资源，即决定谁得到多少稀缺资源的方式。

所谓合作，就是与其他人共同利用稀缺资源、共同工作，以达到一个共同的目的。通过合作的形式是为了以有限的资源生产出更多的产品，合作是解决资源稀缺性的一种途径。

因为资源稀缺，才需要经济学研究如何最有效地配置资源，使人类的福利达到最大化。

由于经济学研究的问题是人类资源的稀缺性，因而有人杜撰了另一个笑话。

有艺术家、哲学家、科学家和经济学家结伴旅行，途中全部遇难。他们的灵魂一起走到了天堂的门口。

天使问艺术家，你是干什么的？艺术家回答说，我能让你看到的变得更美丽、听到的变得更悦耳。天使说天堂欢迎您！

天使问哲学家，你是干什么的？哲学家回答说，我能让人在寂寞的时候，把思考当成生活的乐趣。天使说天堂欢迎你。

天使问科学家，你是干什么的？科学家回答说，我能让人在自然界更好地生活，帮助人类看见上帝伟大的神迹，感受上帝对宇宙万物的精巧设计。天使说天堂欢迎你。

轮到经济学家了，天使问了同样的问题。经济学家回答说，人类的欲望无穷，而能够满足其欲望的资源有限，我专门解决人类在资源稀缺的情况下，如何幸福地生活。天使听完，摇了摇头说，在我们天堂，不存在你说的问题，对不起，天堂不欢迎你。

哈哈，听完这个笑话，你是不是对经济学的理解，又加深了一点点？

资源的有效配置

经济学上的资源有效配置是指资源效用的最优化。最优化是讲资源在利用的过程中不仅本身的效益得到充分的发挥，而且还要考虑资源在运用过程中与其他资源的协调配合，从而产生更有效用的社会产品。

§04 到哈佛上学的女生，有的只为钓到金龟婿

偏好：有人爱美女，有人爱豪车，有人两者都不爱

有几个大一的新生，在哈佛大学的一家咖啡馆里见面了，他们相互打听为何来到了哈佛。

一个高大的男孩说："因为我爱哈佛校园的美丽。"

一个金发女孩说："因为我爸爸、我爸爸的爸爸都毕业于哈佛。"

一个留长发的白人男生说："因为这里有世界上最好的教授，只有他们才有资格给我上课。"

一个长相漂亮的女生，理了理头发，喝了一口咖啡说："来哈佛，和最聪明的男生约会的概率才大啊。"

最后发言的是一个黑头发的男生，他推了推鼻梁上的眼镜说："我本来可以上牛津、剑桥，或者斯坦福的，唯独可恶的哈佛偏偏给我提供了全额奖学金……"

每个人选择到哈佛念书的原因不尽相同，这种差异，在经济学上用一个专门的术语来解释：偏好。

根据经济学的假设，人都是有偏好的，所谓"萝卜白菜各有所爱、穿衣戴帽各好一套"，说的就是这个道理。很多人坐在电影院里看同一部电影，看完之后却有着不同的评价。这就涉及个人的偏好问题。

偏好表明一个人喜欢什么、不喜欢什么。一般来说，偏好无所谓好坏，爱好运动的人可能会经常说"生命在于运动"，而好静的人喜欢以"千年乌龟"的典故作为自己不好动的理由。

由于每个人的偏好并不相同，就会引起个人行为选择的不同。经济学认为，每个人根据自己的偏好，形成在一定约束条件下能够反映自身愿望的需求，并在此基础上作出自己行为的决策，就能获得效用的最大化。

在所有的偏好中，经济学重点研究人的消费偏好。消费偏好又称消费者嗜好，是指消费者对于所购买或消费的商品和劳务的爱好胜过其他商品或劳务。它是对商品或劳务优劣性产生的主观感觉或评价。

作为个人，常见的消费偏好主要有以下几种：

（1）消费习惯偏好。由于个人行为方式的定型化，比如经常消费某种商品或经常采取某种消费方式，就会使消费者心理产生一种定向的结果。这种动机几乎每个人都有，只是习惯的内容及稳定程度不同。

（2）方便性偏好。很多人把方便与否作为选择消费品和劳务，以及消费方式的第一标准，以求在消费活动中尽可能地节约时间。

（3）名牌偏好。很多人把消费品的名气作为选择与否的前提条件。在购买活动中，首先要求商品是名牌，只要是名牌，投入再多的金钱也愿意。

（4）新奇特偏好。很多人在选择消费品时，偏好新鲜的、新奇的、特别的。在购买时，会优先考虑够不够酷，够不够潮，够不够与众不同。

偏好能够解释一些重要的问题。

例如地球上的石油会不会被人类采掘一空？技术上讲，这是完全可能的。从经济学角度来分析，这又是不可能的。因为当石油资源越来越少的时候，石油的开采成本和销售价格就会非常高昂，这时人们就不会偏好石油的消费，而选择电动汽车之类的替代品了。而当人们的偏好改变之后，也就没有人再去开采石油了……

偏好颠倒现象

　　传统经济学认为，经济人的偏好是连续的、稳定的、不变的，但在现实中，人们的偏好是可变的。偏好颠倒的现象说明，人们并不拥有事先定义好的、连续稳定的偏好，偏好会在判断和选择的过程中受判断和选择的背景、程序的影响。

§05 人们卖弄的经济学 分析只有50%是正确的

效用：只懂得价值和价格的人，是经济学的门外汉

村子里有一个穷人和一个富人，有一天突然发洪水了。穷人背着家里最贵重的东西——一袋馒头爬上了一棵树，富人背着家里最贵重的东西——一袋金子也爬上了这棵树。洪水没有消退的迹象。第一天，穷人吃了一个馒头，富人什么也没吃，眼睁睁地看着穷人吃。第二天，穷人又吃了一个馒头，富人的肚子已经直打鼓。到了第三天，富人实在是忍不住了，于是富人对穷人说："我用一锭金子换你一个馒头。"

在这种"不平等交换"下，富人和穷人最终撑过了这段艰难时期。在这个艰难时期，馒头对人的效用无疑比金子大。

在经济学的发展史中，"效用"概念的出现无疑是一个突破。物品效用在于满足人的欲望和需求。一切物品能满足人类天生的肉体和精神欲望，才成为有用的东西，才有价值。在经济学中，效用是用来衡量消费者从一组商品和服务之中获得的幸福或者满足的尺度。有了这种衡量尺度，我们就可以在谈论效用的增加或者降低的时候有所参考。因此，我们也可以在解释一种经济行为是否带来好处时有了衡量标准。

效用不同于物品本身的使用价值。使用价值产生于物品的属性，是客观的；效用是消费者消费某种物品时的感受。

效用价值论强调物对人的满足程度，而满足程度完全是主观的感觉，他们认为，主观价值是客观交换价值的基础。物品的有用性和稀少性都是价值形成不可缺少的因素，都是主观价值的起源。在不同地点，人们对馒头的不同主观评价可以说明这个问题。

经济学依赖一个基本的前提假定，即人们在做选择的时候倾向于选择在他们看来具有最高价值的那些物品和服务。效用是消费者的主观感觉，取决于消费者对这种物品的喜欢程度，即偏好。消费者对某种物品的偏好越大，这种物品带来的效用就越大，他就越愿意购买，需求就越高。

有人喜欢抽烟，那么香烟对于他而言效用就很高，但对于一位不愿意闻烟味的女士来说，香烟的效用就会很低，甚至产生负效用。很显然，在做出决定的时候，烟民自然会把香烟视为至宝，而女士们可能更钟情于化妆品或者衣服。

··········极简经济学··········
效用价值论

效用价值论也称主观价值论，主要代表人物是庞巴维克，他认为商品的价值并非实体，也不是商品的内在客观属性。价值无非是表示人的欲望同物品满足这种欲望的能力之间的关系，即人对物品效用的感觉与评价。

06 技术进步和价格机制
会解决人类社会的各种问题

供给与需求：不可再生的资源，其价格也不会永远上涨

　　1986年，艾滋病的发现引起了世人的恐慌，转眼间，几乎使全美的乳胶手套脱销。所有的人都害怕被该病毒感染，美国医护人员套上两三层手套以加强防护，甚至警察不戴上乳胶手套绝不对嫌疑犯下手。于是，国际市场上乳胶手套一时供不应求，价格上扬。

　　这一消息被中国某报披露后，全国各地许多企业纷纷上马投产，但多数企业都是在既不知道国际上到底有多大的需求也不清楚国内生产能力究竟形成了什么规模的情况下开工投产的。到了1988年春，江苏省张家港市便建成了77条乳胶手套生产线，大有方兴未艾之势。

　　结果，到了1988年下半年，国际乳胶手套市场出现疲软。据《市场报》报道，仅江苏就积压了乳胶原料5800吨，成品手套22.5万双。

　　上述案例形象地向我们说明了市场的供求定律。在经济学中，供给是指在一定时期内，在每一价格水平上，生产者愿意而且能够提供的商品的数量，包括新提供的和库存的物品。一般来说，市场上的供给涉及企业愿意生产和销售一种物品的条件。例如，西红柿的供给量，反映的就是在市场上每一价位上西红柿的销售量。

对于厂商而言，生产者提供商品最主要的目的是为了利润。例如，当摩托车风靡时，在有利可图的情况下，很多厂商投资生产摩托车；当摩托车市场饱和、利润率下降时，厂商又纷纷转产汽车或进入其他行业。

影响厂商供给的另外一个重要因素就是产品的成本。当一种物品的生产成本相对于市场价格而言较低的时候，生产者大量提供该物品就有利可图。例如，20世纪70年代，石油价格急剧上升，提高了制造商的能源开销，从而提高了其生产成本，进而降低了其产品的供给。

供给量随着价格上升而增加，随着价格下降而减少，也就是说，某种物品的供给量与价格是正相关的。价格与供给量之间的这种关系被称为供给规律。

供给曲线表明了价格与产量的关系。供给是指在某种价格水平时整个社会的厂商愿意供给的产品总量。所有厂商愿意供给的产品总量取决于它们在提供这些产品时所得到的价格，以及它们在生产这些产品时必须支付的劳动与其他生产要素的费用。

当水价是1美分的时候，自来水公司只愿意供应20万桶自来水；当水价是5美分的时候，自来水公司愿意供应110万桶自来水；当水价是6美分的时候，自来水公司愿意供应120万桶自来水，详细数据见表1-1。

表1-1　某自来水公司水价与供给量关系

价格（美分）	1	2	3	4	5	6	7
供给量（万桶）	20	60	80	100	110	120	130

把这些信息转化成图1-1，纵轴OP表示可能的水价，横轴OQ表示自来水公司在不同的价格下愿意供给的水量。把表1-1中相应的数字标在图1-1

中，并连接起来，就可以得到一条向右上方倾斜的曲线S，经济学家称其为供给曲线。

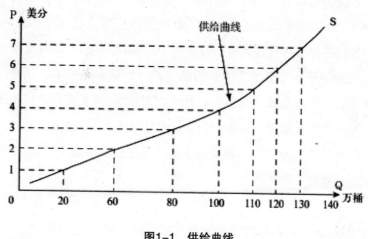

图1-1　供给曲线

与供给曲线相对应的是需求曲线，它是表示商品价格与商品需求数量之间的函数关系的曲线。它表明在其他情况不变时，消费者在一定时期内在各种可能的价格下愿意而且能够购买的该产品的数量。

20世纪80年代，斯坦福大学教授保罗·埃尔里奇认为，由于人口爆炸、食物短缺、不可再生性资源的消耗、环境污染等原因，人类的前途堪忧；而马里兰州立大学教授朱利安·西蒙认为，人类社会的技术进步和价格机制会解决人类社会发展中出现的各种问题，所以人类社会的前途还是光明的。这两位教授都有自己的支持者，分别形成了两个派别——悲观派和乐观派。

由于两个派别谁也说服不了谁，他们决定打赌，赌不可再生性资源是否会消耗完的问题。如果像埃尔里奇说的那样，不可再生资源总有一天会消耗完的话，它们的价格必然会大幅度上升；如果像西蒙说的那样，技术的进步和价格机制会解决人类社会出现的各种问题的话，它们的价格不但不会大幅度上升，还会下降。

于是，他们选了5种金属：铬、铜、镍、锡、钨，各自以假想的方式买入1000美元的等量物质，每种金属各200美元。以1980年9月29日的各种金属价格为准，假如到1990年9月29日，这5种金属的价格在剔除通货膨胀的因素后仍然上升了，西蒙就输了，他要付给埃尔里奇这些金属的总差价；反之，假如这5种金属的价格下降了，埃尔里奇就输了，他将把总差价支付给西蒙。

经过了漫长的10年，事情终于有了结果：西蒙赢了，5种金属无一例外都降了价。

为什么这5种不可再生性资源的价格都下降了呢？这是因为世界上任何资源都有替代品，当这些资源的价格上升时，会刺激人们去开发和使用它们的替代品，它们的需求就会减少，这就是需求定律。

需求的减少会使其价格下降。比如在青铜器时代，人们用铜做器物，铜锅、铜盆、铜剑，甚至镜子和货币也是铜做的。现在为什么只能在博物馆看到这些东西呢？就是因为随着科学技术的进步，人们发现了很多青铜的替代品，比如用铁制锅和剑、用塑料制盆、用玻璃制镜、用纸制钱等。铜的需求大大减少，价格也就下降了。

以某种品牌的口香糖为例，当它的单价为1元时，你可能会消费6块；当单价为2.5元时，你可能买3块；当单价为5元时，你可能就会选择购买其他的品牌。可以把这些关于价格和购买（需求）量的信息整理成表1-2。

表1-2　某品牌口香糖价格与需求量表

价格（元）	1	1.5	2	2.5	3	4	5
需求量（块）	6	5	4	3	2	1	0

把表1-2中的数字标在图1-2中，并连接起来，就可以得到一条向下方倾斜的曲线，经济学家称其为需求曲线。需求曲线可以在任何情况下出现，符合需求定律的曲线只可以是向右下方倾斜的。

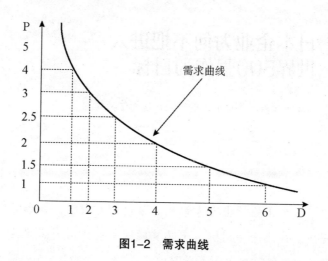

图1-2　需求曲线

在竞争激烈的商品市场上，对于某种商品的任一价格，其相应的需求量和供给量并不一定相等，但在该商品各种可能的价格中，必定有一价格能使需求量和供给量相等，从而使该商品市场达到一种均衡状态。

·········极简经济学·········
需求与需要的区别

　　需求不等于需要。形成需求有三个要素：对物品的偏好，物品的价格和手中的收入。需要只相当于对物品的偏好，并没有考虑支付能力等因素。一个没有支付能力的购买意愿并不构成需求。需求比需要的层次更高，涉及的因素不仅仅是内在的。所以在经济学中，必须注意不要将两者混淆。

07 日本企业为何不把进入
世界500强作为目标

成本与收益：不计成本的行为，是无法持续的

皮洛士生于亚历山大大帝死后分裂的古希腊，是小国伊庇鲁斯的王子。皮洛士一向醉心于马其顿国王亚历山大的"伟业"，企图在地中海地区建立一个大国。

公元前281年，皮洛士率领大批军队进攻罗马。在阿普里亚境内的奥斯库伦城附近，双方展开激战。尽管皮洛士战胜了对方，但损失了大批有生力量。战斗结束后，大家向他表示祝贺，而皮洛士眺望着硝烟还未散尽的战场，叹息着说道："要是再来一次这样的胜利，我也就彻底垮了。"

上述"皮洛士的胜利"的典故在经济学上可以引申为成本太高而收益过少。人们要进行生产经营活动或达到一定目的，就必须耗费一定的资源（人力、物力和财力），其所费资源的货币表现及其对象化称之为成本，也就是企业把商品提供给市场所支出的全部费用。

随着商品经济的不断发展，成本概念的内涵和外延都处于不断变化和发展之中。它有以下几方面的含义：

（1）成本是生产和销售一定种类与数量的产品，以耗费资源用货币计量的经济价值。企业进行产品生产需要消耗生产资料和劳动力，这些消耗在成本中用货币计量，就表现为材料费用、折旧费用、工资费用、销售费用、管理费用等。

（2）成本是为取得物质资源需要付出的经济价值。企业为进行生产经营活动，购置各种生产资料或采购商品而支付的价款和费用，就是购置成本或采购成本。随着生产经营活动的不断进行，这些成本就转化为生产成本和销售成本。

（3）成本是为达到一定目的而付出或应付出资源的价值牺牲，它可用货币单位加以计量。

（4）成本是为达到一种目的而放弃另一种目的所牺牲的经济价值。

比如，你打算开一家服装店，在计算成本时，你可能会考虑到店面的房租、进货的费用、借款的利息、雇员的工资、水电费、税金等。在扣除这些费用之后，你认为自己还会赚到钱。

但这样的计算是不完全的：你漏掉了自己的工资，你垫付的资金的利息，还有开服装店的机会成本等。只有把这些成本也考虑在内，才能决定开服装店是否合适。

据调查，日本企业并不热衷于把进入世界500强当成经营的目标。他们常以嘲讽的口吻说："哪里有什么世界500强，他们只不过是世界500大罢了。"

的确如此，世界500强的评选标准是营业收入。如果扣除成本和费用，很多世界500强企业的利润甚至是负数。日本企业引以为豪的衡量指标是人均毛利额，也就是扣除成本和费用后人均创造的利润值。正是因为日本企业对成本收益的高度关注，他们创造出了以精益管理为特色的日本企业管理模式，在20世纪80年代风靡世界。

·········· 极简经济学 ··········
成本收益率

成本收益率是单位成本获得的利润，反映成本与利润的关系。其计算公式为：

成本收益率=利润÷成本费用

一般而言，成本收益率越高，企业的运营效率越高，并且高新技术行业的这个指标很高。

经济学原理篇

N·格里高利·曼昆，生于1958年，29岁时成为哈佛大学历史上最年轻的终身教授。曾在普林斯顿大学和麻省理工学院学习经济学；讲授过宏观经济学、微观经济学、统计学和经济学原理。还曾做过帆船运动教练。

　　曼昆是一位高产学者。他的著作发表在许多学术杂志上，如《美国经济评论》《政治经济学杂志》和《经济学季刊》。还发表在更普及的报刊上，如《纽约时报》《金融时报》《华尔街日报》和《财富》。1992年出版的《宏观经济学》使他名气大振，连素以尖刻闻名的克鲁格曼也对此书高度评价。其所编著的经济学教材《经济学原理》是目前公认的最好的经济学初级教材。

　　曼昆在教科书《经济学原理》中提出了十大经济学原理，知道了这十大原理，就大致了解了经济学研究的出发点和基本框架。

§08 适合自己的，才是最优的

选择：在绝大多数时刻，冲动是魔鬼

　　经济学家正在房间里埋头做自己的学问。这时，一个中意他的女子大胆地敲开了房门："让我做你的妻子吧，错过我，你再也找不到比我更爱你的女人了。"经济学家虽然也很喜欢她，但仍回答说："让我考虑考虑！"于是，他陷入长期的苦恼之中，迟迟无法做决定。最后，他终于得出一个结论："我该答应那个女人的请求。"

　　于是，经济学家来到女子的家中，对女子的父亲说："您的女儿呢？我已经决定娶她为妻。"老父亲冷漠地回答："你来晚了10年，她现在已经是3个孩子的妈妈了。"经济学家听了，整个人近乎崩溃，他万万没有想到向来自以为傲的经济学头脑，最后换来的竟然是一场悔恨。

　　经济学是一门理性选择的学问，它与人自身最根本的利益息息相关，教人从对自己、对社会最有利的角度去分析、解决问题，给人们的生活提供了理性且有益的帮助，给人们警示，让人们清醒。

　　上面这个小故事，以嘲讽的口吻描写了经济学家在做选择时，由于需要权衡利弊，因而错失了一桩美好的姻缘。不过，在大多数时候，人在权衡利弊后做出的理性选择，是优于一时冲动下的行为决策的。

"有得必有失"、"鱼与熊掌不可兼得"之类的俗语，说明人生总是处在选择中。每个人对同样的问题有不同的认知，在经济生活中也是如此。面对一件相同的商品，不同的人可能会有不同的选择。有人作选择是从经济学的成本收益角度来看，比如人们选择一项投资，总是选择投入最少、收益最大的；有人作选择是从物品的使用价值角度来考虑的，如人们在沙漠中对水的珍视就比其他物品要高；还有人是从自己的兴趣爱好来作选择的，如有人喜欢集邮，不惜花费千金也要集齐一套完整的邮票。但是，非得要说谁作决策或者选择是最优的，恐怕谁也不能说服谁。

实际上，世界上有许多美好的东西，是人们追求不尽的，每个人的价值观、客观条件各不相同，只有适合自己的才是最佳选择。在生活中，经常可以看到有不少人见到别人作了某种选择，于是自己也跟别人作同样的选择，全然不顾自身的条件，这种选择和决策往往不能得到令人满意的结果。

无论作何种选择，适合自己的才是最佳选择。在别人看来并非是最佳选择，但对自己而言是最佳选择，这就够了。不过，在考虑绝大部分问题的时候，理性是作出选择和决策的必要步骤。当人们还在为选择什么而犹豫不决的时候，更应该理性思考，从而作出最适合自己的选择。

············极简经济学············
趋利避害

　　每个人在面临选择和决策时，大致上会体现如下的规律：每个人都会自然地作出趋利避害的决策，选择对自己利益最大化的结果。但应以经济学的思维思考问题，根据自己的实际情况和条件，才能作出让自身利益最大化的最优决策。

§09 学会选择，懂得放弃

机会成本与沉没成本：可挽回的与不可挽回的

有一头驴子非常饿，四下里找吃的，终于看到了不远处的两堆稻草。它迅速地跑过去，却为难了，因为两堆稻草同样鲜嫩，它不知道应该先吃哪一堆。它犹豫不决，在两堆稻草之间徘徊，一直在思考先吃哪一堆。因为不知道如何选择，最终这头驴子饿死了。

机会成本又称选择成本，是指做一个选择后所丧失的不做该种选择而可能获得的最大利益。也就是说，机会成本是为了得到一种东西而必须放弃另一种东西的代价。其实对于"驴子"来说，两堆稻草都具有吸引力，无论选择哪个，都会造成机会成本的损失，这也就是驴子徘徊在两堆稻草之间最终饿死的原因。

机会成本是一个纯粹的经济学概念。要想对备选方案的经济效益作出正确的判断与评价，必须在作决策前进行分析，将已放弃的方案可能获得的潜在收益作为被选取方案的机会成本计算在内。

萨缪尔森在其《经济学》中曾用热狗公司的事例来说明机会成本的概念。热狗公司所有者每周投入60小时，但不领取工资。到年末结算时，公司获得了22 000美元的可观利润。但是，如果这些所有者能够找到其他收入更高的工作，使他们所获年收益达45 000美元，那么这些人所从事的热狗公司的工作就会产生一种机会成本，它表明因他们从事了热狗公司的工作，而不得不失去的其他获利更大的机会。

对于此事，经济学家这样理解：如果用他们的实际盈利22 000美元减去他们失去的45 000美元的机会收益，那他们实际上是亏损的，亏损额是23 000美元（45 000 - 22 000），尽管他们是盈利了。

人生面临的选择很多，人们无时无刻不在进行着选择。比如是继续工作还是先去吃饭；是在这家商店买衣服还是到那家商店买……这些选择在生活中很常见，大家可以很轻松地作出选择，也不大会慎重考虑。如果去KTV和去电影院对你同样有吸引力，不妨掷硬币决定去哪儿。

当然，如果是重大决策，还是多考虑一下为好。机会成本越高，选择越困难，因为在心底人们从来不愿轻易放弃可能得到的东西。不管怎样，在作选择的时候，应该时刻谨记机会成本的概念。

机会成本包括两个方面：一是机会成本中的机会必须是你可选择的项目。若不是你可选择的项目便不属于你的机会。二是机会成本必须是指放弃的机会中收益最高的项目。放弃的机会中收益最高的项目才是机会成本，即机会成本不是放弃项目的收益总和。

与机会成本密切相关的另一个概念是沉没成本。

一次，印度的"圣雄"甘地乘坐火车出行，当他刚刚踏上车门时，火车正好启动，他的一只鞋子不慎掉到了车门外。就在这时，甘地麻利地脱下了另一只鞋子，朝第一只鞋子方向扔去。有人奇怪地问他为什么这么做。甘地回答说："如果一个穷人正好从铁路旁经过，他就可以拾到一双鞋，这或许对他是个收获。"

甘地的一只鞋子对于他而言如同泼出去的水，但他以博大的胸襟坦然面对自己的"失"。

在经济学中，沉没成本是指已经付出且不可收回的成本。无疑，甘地的一只鞋子已经成为沉没成本。

有时候，沉没成本只是价格的一部分。例如，你买了一辆自行车，然后骑了几天后又以低价在二手市场卖出。此时原价和你的卖出价中间的差价就是沉没成本。

在这种情况下，沉没成本随时间而改变，那辆自行车骑的时间越长，一般来说你的卖出价会越低。

经济学家认为，如果你是理性的，那就不该在作决策时考虑沉没成本。比如，你预订了一张电影票，已经付了票款而且不能退票。但是当你看了电影一半之后觉得很不好看，此时付的钱已经不能收回，电影票的价钱就是沉没成本。这时会有两种结果：一是，付钱后发觉电影不好看，但忍受着看完；二是，付钱后发觉电影不好看，退场去做别的事情。在两种情况下，你都已经付钱，所以应该不再考虑钱的事。当前要做的决定不是后悔买票了，而是决定是否继续看这部电影。因为票已经买了，后悔也于事无补，所以应该以看免费电影的心态来决定是否再看下去。作为一个理性经济人，选择把电影看完就意味着要继续受罪，而选择退场无疑是更为明智的做法。

不计沉没成本也反映了一种向前看的心态。对于整个人生历程来说，人们以前走的弯路、做的错事、受的挫折，何尝不是一种沉没成本。过去的就让它过去，总想着那些已经无法改变的事情只能是自我折磨。

过去所说的话、所做的事均代表着昨天，无论对错，无论你如何后悔都已经无法更改，这与沉没成本的道理是一样的。从今天来看，这些成本是昨天的沉没成本。人应该承认现实，勇敢地承认自己过去言行的对与错，把已经无法改变的"错"，视为昨天经营人生的坏账损失、今天经营人生的沉没成本。

······极简经济学······
生产经营中的沉没成本

一般说来，资产的流动性、通用性、兼容性越强，其沉没的部分就越少。资产的沉没性也具有时间性，会随着时间的推移而不断转化。以具有一定通用性的固定资产为例，在尚未使用或折旧期限之后弃用，可能只有很少一部分会成为沉没成本，而中途弃用沉没的成本则会较高。

10 航空公司卖给学生低价机票，是一门好生意

边际分析法：经济学的基本分析方法之一

佛教《百喻经》中有一个寓言，大意是这样的：

有个人肚子饿了，去买煎饼吃。他买了一个煎饼，很快就吃完了，可肚子还是很饿。于是，他又吃了第二、第三个……一连吃了六个煎饼，还是没有感到吃饱。紧接着他买了第七个煎饼，刚吃下半个，就觉得自己很饱了。这时，他心中很懊悔，用手打着自己的嘴巴说道："我怎么如此愚痴而不知节约！如果早知道这半个煎饼能吃饱，那么我只要买半个煎饼就行了，前头的六个煎饼不是多吃了吗？"

上面的故事虽然是笑谈，但却揭示了现代经济学的重要概念——边际。

"边际"一词是经济学上的常用术语，一般是指新增的意思。19世纪70年代初出现的边际概念，是西方经济学自亚当·斯密以来的一个极为重要的变化。经济学家把它作为一种理论分析工具，可以应用于任何经济中的任何可以衡量的事物上。正因为这一分析工具在一定程度上背离了传统的分析方法，故有人称之为边际革命。

在日常生活中，人们常常会碰到需进行边际分析的问题。譬如，你是火车站附近一家小百货店的经理，是什么使你决定要营业24小时，而不是早8点到晚9点营业呢？你可能会这样考虑：24小时营业当然要额外花费一些成本（如水电费、营业员的工资等），但是也会有一定的额外收益（就是多营业11个小时的营业收入），只要额外收益比额外成本高便是可行的。其实你是在拿额外增加的成本与额外增加的利润作比较，而不是从建百货店的费用和购柜台、买货架等的成本来作为决策的依据。

在经济学上，这额外的部分便称之为边际，而把由某项业务活动引起的边际收入去和它的边际成本（而不是全部成本）相比较的方法称为边际分析法。

例如，一家航空公司开辟从甲地飞往乙地的新航线，每运载一位旅客的全部成本是260元，那么，每次当飞机有空位时，它能不能以每张130元的票价卖给学生呢？有人可能会说："不行！"理由是每个旅客的全部成本是260元，低于这个数目的票价将会给航空公司造成亏损。但是，如果用边际分析法去分析一下，便会发现，行！因为此时作决策不能依据全部成本（它包括飞机维修费用以及机场设施和地勤人员的费用等），而是要依据边际成本。飞机维修费以及机场设施费等的开销，不论是否搭载学生，均是要发生的，而学生在机上的就餐费和飞机因增加负载而增加的燃料支出，才是因学生乘坐飞机而额外增加的成本。若该边际成本只有30元，则边际收入130元大于它的边际成本，说明学生乘坐飞机能为航空公司增加利润，所以，按低价让学生乘坐飞机对航空公司是有利的。

边际分析法是经济学的基本研究方法之一，不仅在理论上，而且在实际工作中也起着相当大的作用，是打开经济王国之门的钥匙。

极简经济学
边际效用递减

边际效用是指新增一个物品的消费所带来的效用价值。边际效用递减是指对物品的欲望会随欲望的不断满足而递减。如果物品数量无限，欲望可以得到完全的满足，欲望强度就会递减到零。例如对饥饿的人来讲，第一个面包的效用最大，吃饱前的最后一个面包效用最小。

11　人选择勤奋还是偷懒，取决于制度

激励：人们只有在被追赶和被督促中才能进步

一条猎狗追逐一只兔子，追了好久也没有追到。

牧羊看到了，讥笑猎狗。猎狗回答说："我仅仅为了一顿饭而跑，它却是为了性命而跑呀！"这话被猎人听到了，猎人想："猎狗说得对啊，那我要想得到更多的猎物，得想个好法子。"

猎人又买来几条猎狗，凡是能够在打猎中捉到兔子的猎狗，就可以得到几根骨头，捉不到的就没有饭吃。这个办法果然奏效，猎狗们纷纷去追兔子，因为谁都想得到骨头吃。

过了一段时间，猎人发现猎狗们捉的都是小兔子。猎人问猎狗是怎么一回事。猎狗们说："反正捉小兔子与大兔子所得的奖励是一样的，为什么费那么大的劲去捉那些大的呢？"

猎人决定，每过一段时间就统计一次猎狗捉到兔子的总重量，按照重量来决定其在一段时间内的待遇。之后，猎狗们捉到兔子的数量和重量都增加了。

不久，新问题又出现了，猎狗抓的兔子又少了很多，而且越有经验的猎狗，捉兔子的数量下降得越厉害。于是猎人又去问猎狗们。

猎狗们说："我们把最好的时间都奉献给了您，但是我们会变老，当我们捉不到兔子的时候，您还会给我们骨头吃吗？"

猎人经过一番思考后，分析与汇总了所有猎狗捉到兔子的数量与重量，规定如果捉到的兔子超过了一定的数量后，即使捉不到兔子，每顿饭也可以得到一定数量的骨头。猎狗们都很高兴，大家都努力去做。

一段时间过后，终于有一些猎狗做到了。其中有一只猎狗说："我们这么努力，只得到几根骨头，而我们捉的猎物远远超过了这几根骨头，我们为什么不能给自己捉兔子呢？"

于是，有些猎狗离开了猎人，自己捉兔子去了。猎人意识到猎狗正在流失，于是又进行了改革，使得每条猎狗除基本骨头外，可获得其所猎兔肉总量的n%，而且随着服务时间加长，贡献变大，该比例还可递增，并有权分享猎人总兔肉的m%。这样，出走的猎狗们纷纷强烈要求重归猎狗队伍。

经济学的基本前提是承认人的本性是利己的，所以人们在做出选择时，会考虑边际量所处的成本和收益。一旦成本和收益中有任何一方发生变动，或是两方都发生变动的情况下，人们的选择都会随之发生改变。也就是说，成本和收益的变动改变了人们的激励，而同时人们会对激励做出选择——这就是曼昆经济学原理之四。

人生的过程是一个不断与人合作和分裂的过程，但无论分合，每个人都想让自己的利益最大化。然而，一个好的激励制度可以有效满足个人利益需求，激发团体组织成员的无限工作动力。猎人对猎狗的有效管理就在于猎人对激励效应的有效运用上。

一般来说，在能力一定的情况下，激励水平的高低将决定其工作成绩的大小。综合运用多种激励方法是有效提高激励水平的一大法宝。激励机制是否产生了影响，取决于激励方法是否能满足个人的需要。主要的激励包括如下几种：

（1）物质激励。通过满足个人利益的需求来激发人们的积极性与创造性。只对成绩突出者予以奖赏，如果见者有份，既助长了落后者的懒惰，又伤害了优秀者的努力动机，从而失去了激励意义。

（2）精神激励。通过满足个人的自尊、自我发展和自我实现的需要，在较高层次上调动个人的工作积极性。精神激励主要有目标激励、荣誉激励、感情激励、信任激励、尊重激励。

（3）任务激励。让个人肩负起与其才能相适应的重任，由社会提供个人获得成就和发展的机会，满足其事业心与成就感。

（4）数据激励。明确的数据给人以深刻印象，激发强烈的干劲。数据激励就是把各人的行为结果用数字对比的形式反映出来，以激励上进，鞭策后进。

（5）强化激励。对良好行为给予肯定，即正强化，使之能继续保持；对不良行为给予否定与惩罚，即负强化，使之能记住教训，不再犯同样的错误。

在一个组织中，引入激励机制都是必不可少的。激励机制一方面可以调动大家工作的积极性，另一方面还可以增加团队业绩，达到"双赢"的目的。激励机制可以有效控制做一天和尚撞一天钟的行为出现，可以使人在工作中更有生机和效率。有句名言说得好："人们只有在被追赶和被督促中才能进步"，也正是说的激励机制的重要性。

激励阻碍因素

（1）组织成员价值观的多元化。

（2）同一价值观的人认识和分析问题的差异。

（3）同一事件对组织成员产生的震动不一样。

12 贸易能使每个人的状况变得更好

比较优势：用来衡量两个生产者的机会成本

曼昆十大经济学原理的前面四个都涉及个人或个体的选择，它们说明了个人是如何做出自己的决策的。接下来的三个原理讲述的是人们如何进行交易。首先是第五个经济学原理，贸易能使每个人的状况变得更好。

在今天这个世界上，贸易已经成为司空见惯的事情。小到个体，大到国家，贸易往来随处可见。而且，现在随着计算机网络的普及，电子商务也日益兴起，人们的贸易活动也更加快捷、频繁。可以说，在今天这个地球村里，几乎所有人都在和贸易发生着直接或者间接的关系。

通过与其他人的贸易，人们可以以较低的成本获得各种各样的物品与劳务。无论是在耕种、做衣服或盖房子方面，贸易使每个人可以专门从事自己擅长的活动。

我们来看看讲述分工和贸易的一个古老而有趣的例子，英国和葡萄牙生产毛绒和葡萄酒的例子。

在分工之前，英国和葡萄牙都有相同的劳动力资源，比如说都有200个人来进行生产，但是两个国家的生产技术不同。请注意，表2-1说的不是英国可以同时生产200单位的毛绒和180单位的葡萄酒，而是说英国200个劳动力可以生产200单位的毛绒，或者180单位的葡萄酒，只能选择一个，而不能同时选择两个。如果一个国家同时选择生产两种产品，例如英国同时生产毛绒和葡萄酒，由于劳动力资源是有限的，在这里只有200个人的劳动力，所以就不可能同时生产出200单位的毛绒和180单位的葡萄酒。葡萄牙的情况也是类似的，葡萄牙200个人的劳动力可以生产160单位的毛绒，或者200单位的葡萄酒。

表　2-1

	毛绒	葡萄酒
英国	200	180
葡萄牙	160	200

从表2-1中可以看出，英国生产毛绒有绝对优势，因而英国应该选择专业化生产和出口毛绒；而葡萄牙由于在生产葡萄酒方面具有绝对优势，它应该专业化生产并出口葡萄酒。这样，假设世界上就只有这两个国家，这可是简单的算术题，我们可以计算出世界上两种产品的产量，毛绒200单位，葡萄酒200单位。这是经济学的鼻祖亚当·斯密提出来的绝对成本优势的贸易情况。

再来看看大卫·李嘉图的比较优势的贸易情况。李嘉图认为，一个国家应该完全生产并且出口具有比较优势的产品，不生产但进口那些它拥有比较劣势的产品。比较优势实际上是很好理解的，来看下面新的生产与贸易情况（见表2-2）。

表　2-2

	毛绒	葡萄酒
英国	200	180
葡萄牙	240	200

表2-2同表2-1反映的情况稍有差别。现在葡萄牙在200个劳动力的情况下可以生产240单位的毛绒，而原来则是160单位。这样，葡萄牙不仅在生产葡萄酒上有绝对优势，而且在生产毛绒上也具有绝对优势，英国在生产两种商品上都处于绝对劣势。如果按照斯密的观点，他们之间还会发生贸易吗？不会。但是按照李嘉图的观点，他们会发生贸易。因为英国在专业化生产葡萄酒上拥有比较优势，而葡萄牙在专业化生产毛绒上同样拥有比较优势，这样双方发生贸易后各自的状况仍然会改善。这就是比较优势的"两劣相比取其轻"，就是说如果一个国家在两种产品的生产上都处于劣势，但它只要选择专业化生产那些劣势相对较小的产品，并通过出口贸易，就能够改善本国的福利状况。

上面说的是传统的国际贸易，而随着生产力水平的不断提高，世界经济水平水涨船高，成功的国际贸易，可以使得每个国家的经济状况变得更好。比如，东南亚的某个农业国盛产大米，而远在欧洲的某个工业国则有着发达的精密机床工业。两个国家坐在一起商谈，最后，前者向后者出口大米，并进口后者的精密机床，其结果是双方都能享用大米和机床带来的好处——这就是国际贸易的好处所在。

这个好处背后的奥妙在于比较优势。在经济学上，比较优势主要是用来衡量两个生产者的机会成本。除非两个人有相同的机会成本，否则一个人就会在一种物品上有比较优势，而另一个人将在另一种物品上有比较优势。

只要两个人有不同的机会成本，每个人都可以通过以低于自己生产时的机会成本的价格得到一种物品，而从贸易中获益。这些利益的产生是由于每个人集中于他机会成本低的活动。机会成本和比较优势的差别带来了交易（交换）的好处。每个人都知道，如果一件东西在购买时所付出的代价比自己独自生产时的费用小，就永远不要自己独自生产。例如，裁缝不想制作他自己的鞋子，而向鞋匠购买。鞋匠不想制作他自己的衣服，而雇裁缝制作。

正是各生产单位对资源的占有、分配和利用等情况的差别，造成了比较优势的产生，而比较优势的差别直接导致了社会分工和贸易的产生。这种专业化的结果是：当每个人都能够专门地从事自己最擅长的事情时，生产就会变得更加有效率，从而整个社会可创造物质财富总量与其整体经济福利便会有所增加。专业化所带来的总产量增量，就是贸易的好处。那么，贸易的进行也就由此变得顺理成章。

··········极简经济学··········
比较优势理论的来源

大卫·李嘉图在其代表作《政治经济学及赋税原理》中提出了比较成本贸易理论，后被人称为比较优势贸易理论。比较优势理论认为，国际贸易的基础是生产技术的相对差别（而非绝对差别），以及由此产生的相对成本的差别。

§13 市场是组织经济活动的好方法

看不见的手：市场经济好在什么地方？

据圣经《但以理书》记载：巴比伦王伯沙撒在宫中设盛宴，正饮期间，忽然显出一只手，在宫墙上写下三个神秘的词：弥尼、提克勒、毗勒斯。众人不解其意。先知但以理说："你冒渎天神，为此，神放出一只手，写下这些字。意思是：'弥尼'——你的国位已告结束，'提克勒'——你在天秤里的分量无足轻重，'毗勒斯'——你的国度即将分裂。"

神的那只看不见的手，写下了对人间王位的安排。受此启发，经济学家亚当·斯密提出了"看不见的手"的原理。这一命题的含义是：社会中的每个人都在力图追求个人满足，一般说来，他并不企图增进公共福利，也不知道他所增进的公共福利为多少，但在这样做时，有一只"看不见的手"引导他去促进社会利益，并且其效果要比他真正想促进社会利益时更大。这只"看不见的手"实际上就是人们自觉地按照市场机制的作用，自发调节着自己的行为，并实现消费效用最大化和利润最大化。

1787年，亚当·斯密到伦敦与他的忠实信徒、英国历史上著名的首相皮特见面。斯密是最后一个到达会面地点的，当他进屋时，所有人都起立欢迎他。

斯密说："诸位请坐"。

皮特回答说："不，你坐下，我们再坐，我们都是您的学生。"

皮特对斯密如此恭敬，原因在于斯密提出的"看不见的手"的原理为当时各界名流奉为经典。即使到现在，斯密的观点仍然是现代经济学的中心。

对于每个人而言，市场是再熟悉不过的地方。当一个人进入超市买东西，可以说，他进入了一个市场。从某种程度上说，经济学就是伴随着市场的发展而发展起来的。

想象一下，如果没有市场，我们的生活将会怎样？我们该如何获得我们想要的东西，如食物、衣服、日常生活用品等。有人可能会问："我天天去市场，包括菜市场、服装市场等，但我不大明白为什么是市场，而不是其他什么类似的方式来组织经济活动，市场它到底好在哪里？"

市场的重要性在于，它提供了一种机制，使得人们相互进行交易，无论是企业还是个人，价格和利益的激励引导着他们各自的选择，这就是我们一般说的市场调节。

市场调节就好比一只无形的手，而价格就是这只手用来指引经济活动的工具。

例如，市场上的白菜卖两元一斤，而萝卜只卖五角一斤，那么农民们就会纷纷决定要种更多的白菜，原来用来种萝卜的地也改来种白菜了。三个月后大量的白菜流入了市场，而萝卜却无人供应了。过量的白菜供给导致其价格一下狂跌到了两角钱一斤，而萝卜却因为供给不足大幅涨价。这下子农民便会想，再种白菜不但已经无利可图，甚至可能亏本，而种萝卜可以给我带来更多的收入。于是农民们开始拔了白菜改种萝卜，当大量的萝卜涌入市场的时候，他们也会遇到像种白菜一样的市场结果。如此反复，市场上会出现供需趋于平衡的状态。

表面上看，上面的故事只是农民在萝卜与白菜中的选择，而事实上，这是一种市场调节。亚当·斯密在书中写道："他通常既不打算促进公共的利益，也不知道他自己是在什么程度上促进那种利益。由于宁愿投资支持国内产业而不支持国外产业，他只是盘算他自己的安全；由于他管理产业的目的在于使其生产物的价值能达到最大限度，他所盘算的也只是他自己的利益。在这种场合，像在其他许多场合一样，他受着一只看不见的手的指导，去尽力达到一个并非他本意想要达到的目的。也并不因为非出于本意，就对社会有害。他追求自己的利益，往往使他能比在真正出于本意的情况下更有效地促进社会的利益。"

亚当·斯密用这只"无形的手"介绍市场经济对于经济活动的重要性，通过分散的、无数的个人的决策在市场上进行相互交易，这样就能够促进社会的利益。市场经济的核心优势便是竞争机制，竞争机制带来"优胜劣汰"，而优胜劣汰的压力驱使人人都会更加努力，从而整个社会的效率就会提高，也就创造更多的财富。

当然，尽管市场调节对于经济活动十分重要，但是市场也绝非万能，"市场失灵"的情况屡见不鲜，这正说明市场调节本身不能有效配置资源。曼昆在书中问道：市场这只"看不见的手"可以阻止造纸企业污染环境吗？对于这个问题的解答，我们接下来要讲讲曼昆的第七条经济学原理：政府有时可以改善市场结果。

极简经济学

守夜人

古典经济学家指出，个人的自利行为在市场机制这只"看不见的手"的调节下，最终会促进社会的利益，政府对自由经济的干预将会导致错误的资源配置并减缓财富的增长。因此，社会经济事务最好不受国家权力干预，政府只应做个经济的"守夜人"。

§14 政府在一定时候可以改善市场结果

政府干预：政府要充当一只"看得见的手"

　　乌托邦国处于一片混乱中，整个社会的经济处于完全瘫痪的境地，工厂倒闭，工人失业，人们束手无策。这个时候，政府决定兴建公共工程，雇佣200人挖了很大的坑。雇200人挖坑时，需要发200个铁锹；发铁锹时，生产铁锹的企业开工了，生产钢铁的企业也开始工作了；发铁锹时还得给工人发工资，这时食品消费行业也发展起来了。通过挖坑，带动了整个国民经济的消费。大坑终于挖好了，政府再雇200人把这个大坑填好，这样又需要200把铁锹……这样，萧条的市场终于一点点复苏了。经济恢复后，政府通过税收，偿还了挖坑时发行的债券，一切又恢复如常了。

　　这则著名的经济学寓言"挖坑"，来源于英国经济学家凯恩斯的一本著作《就业、利息和货币通论》，凯恩斯通过这则寓言引申出了政府干预理论。

　　众所周知，在凯恩斯之前的西方经济学界，人们普遍接受以亚当·斯密为代表的古典学派的观点，即在自由竞争的市场经济中，政府只扮演一个极其简单的被动的角色——"守夜人"。凡是在市场经济机制作用下，依靠市场能够达到更高效率的事，都不应该让政府来做。国家机构仅仅执行一些必不可少的重要任务，如保护私人财产不被侵犯，但从不直接插手经济运行。

然而，日益庞大的经济体系难免会出现一些运转不正常的现象，当这种不正常现象扩大化，就会影响到人们的生活，影响到整个经济体系的快速发展。这时，政府将会站在大众的利益和整个国家经济发展的高度出面协调。经济学家曼昆将之总结为：政府在一定时候可以改善市场结果。

事实证明，自由竞争的市场经济导致了严重的财富不均，从而造成经济周期性巨大震荡，社会矛盾尖锐。1929～1933年间爆发的全球性经济危机，就是自由经济主义弊端爆发的结果。因此，以凯恩斯为代表的政府干预主义者浮出水面。他们提出，现代市场经济的一个突出特征，就是政府不再仅仅扮演"守夜人"的角色，而是要充当一只"看得见的手"。政府必须平衡以及调节经济运行中出现的重大结构性问题，这就是政府干预理论。

政府干预经济的主要任务是：保持经济总量平衡，抑制通货膨胀，促进重大经济结构优化，实现经济稳定增长。调控的主要手段有价格、税收、信贷、汇率等。

从经济学角度讲，宏观调控就是宏观经济政策，也就是说政府在一定时候可以改善市场结果。人们说，市场本身就是一只看不见的手，那么为什么经济还需要政府的调控呢？因为市场这只手再伟大，也始终不能离开政府的保护。有了政府宏观经济政策的保障，市场才能有效运行。从另一方面讲，市场虽然是经济活动的主要组织方式，但是也会出现一些市场本身不能有效配置资源的情况，经济学家将其称为"市场失灵"。当然，政府有时可以改善市场结果，并不是说它总是能够调控市场。那什么时候能够调控，什么时候不能呢？这就需要人们利用宏观调控的经济学原理来判断，什么样的政府政策在什么情况下能够促进经济的良性循环，形成有效公正的经济体系。

············极简经济学············
政府失灵

　　政府失灵也称政府失效（Government failure）指政府为弥补市场失灵而对经济、社会生活进行干预的过程中，由于政府行为自身的局限性和其他客观因素的制约而产生新的缺陷，进而无法使社会资源配置效率达到最佳的情景。

　　概括地讲，"政府失灵"包括以下几种情况：（1）由于行为能力和其他客观因素制约，政府干预经济活动达不到预期目标；（2）政府干预经济活动达到了预期目标，但效率低下，或者说成本昂贵，导致资源并未得到充分有效的利用；（3）政府干预经济活动达到了预期目标，也有较高的效率，但都带来不利的事先未曾预料到的副作用；（4）某些外部性问题或国际性经济贸易问题，一国政府无能力解决，如核利用中的污染问题，国际贸易纠纷问题等。

§15 一国的生活水平取决于其生产的能力

生产率：用来解释各国之间和不同时期中生活水平的巨大差别

国际货币基金组织（IMF）于2016年4月12日发布了《世界经济展望》，数据显示2015年世界GDP总量为77.3万亿美元，总人口为73.16亿，人均GDP为10 138美元。

人均GDP排名中国之前的国家GDP为53.17万亿美元，占全球GDP总量的72.7%，人口为18.67亿，占全球总人口的25.5%，人均GDP为28 476美元。

中国GDP为10.98万亿美元，占全球GDP总量的15%，人口为13.74亿，占全球总人口的18.8%，人均GDP为7990美元，在全球191个经济体中，中国人均GDP排名第76位，排名比2014年提高7位。

人均GDP排名中国之后的国家GDP为9.01万亿美元，占全球GDP总量的12.3%，人口为39.75亿，占全球总人口的55.7%，人均GDP为2267美元。

美国还是很强，不必说，日本的衰落已经越来越明显了，当年可是人均GDP力压美国，排在全球前三的，现在都掉到24位了，韩国都快追到身后啦。

　　印度据说增长速度已经超过中国了，这十年来增长速度也紧追中国，结果一看这人均排位从2008年以来不升反降，从130掉到140，刚好跟越南掉了个位。同时间，中国从104位提高到76，光从排位上来说，印度跟中国的差距比中国跟美国的差距还要大那么一点点。

　　从上面的数据可以看到，中国的经济虽然一直快速发展，但和美国的生活水平差距仍然非常大，但差距为什么会如此之大？我们应该用什么来解释各国之间和不同时期中生活水平的巨大差别？这就引出了曼昆经济学原理之八：一国的生活水平取决于它生产物品与劳务的能力。曼昆对此差别的解释是："几乎所有生活水平的变动都可以归因于各国生产率的差别——这就是一个工人在一小时所生产的物品与劳务的差别。"

　　生产率，是用来表示产出与投入比率的术语。如果相同数量的投入生产了更多的产出，则表示生产率增长了，相反，如果相同数量的投入带来的产出下降了，则表示生产率下降了。对于劳动者而言，其劳动生产率水平可以用单位时间内所生产的产品数量来表示，也可以用生产单位产品所耗费的劳动时间来表示。单位时间内生产的产品数量越多，劳动生产率就越高，反之，则越低；生产单位产品所需要的劳动时间越少，劳动生产率就越高，反之，则越低。由此可见，劳动生产率的状况是由社会生产力的发展水平决定的。

　　曼昆引用著名小说《鲁滨孙漂流记》的例子来说明生产率的概念，如果克鲁索能够捕到更多的鱼，那么他的生活水平就会提高。这对于一个国家也是一样，一个国家只有能生产大量物品与劳务，它的成员才能享受更高的生活水平和质量。在那些单位时间内工人能生产大量物品与劳务的国家，大多数人能够享有较高的生活水平；而在那些生产率水平较低的国家，大多数人却必须忍受贫困的生活。因此，一国生产率的增长率决定了它的人均收入的增长率。

我们和美国的生活水平之所以差距这么大，尤其是人均GDP水平差距如此之大，主要原因是我们的生产率低下，尤其是劳动生产率非常低。所以，要提高我们的人均收入水平，就必须提高我们的生产率。具体来说，决定劳动生产率高低的因素主要有以下五种：

（1）劳动者的平均熟练程度。

劳动者的平均熟练程度越高，劳动生产率就越高。它包括劳动者实际的操作技术以及劳动者接受新技术的能力。

（2）科学技术的发展水平。

科学技术发展得越快，在生产中运用得越广泛，劳动生产率也就越高。

（3）生产过程的组织和管理。

主要包括劳动者的分工协作，以及工艺和经济管理方式。

（4）生产资料的规模和效率。

主要包括劳动工具的使用效率，原材料和动力燃料等的利用程度。

（5）自然条件。

这是一个天然条件，主要包括与生产有关的地质状态、资源分布、气候条件等。

将上面说的影响生产力水平的五要素综合起来，可以帮助我们理解不同国家之间的生产率状况，进而对当今世界不同国家之间的生活水平产生进一步的认识。

在考虑生产率的提高时，必然要涉及影响生产率的诸要素，这在上文已经提到。但是，需要注意的是，生产率的提高，一定要在诸要素的共同作用下才能实现，而不能仅仅偏重其中一项。以IT技术为例，在今天，"科技是第一生产力"这一观念正在被广泛接受，IT技术的运用对于社会生产有着相当大的甚至是变革性的推动作用。但是，只有当商业实践、竞争以及制度发生更大的变化并与IT结合后，这种作用才会发生。

20世纪90年代，美国经济自1991年3月起持续增长112个月，创造了第二次世界大战后经济史上的奇迹。1996年12月30日，美国《商业周刊》率先提出了"新经济"的概念，认为其主要动力是信息技术革命和经济全球化浪潮。但是在这之前的80年代，人们对于IT技术对经济的促进，是持怀疑态度的。特别是1987年获诺贝尔奖的经济学家罗伯特·索洛提出了生产率悖论，他说："到处都可以看到计算机时代，只有生产率统计除外。"在他看来，信息技术革命似乎只是在投入上轰轰烈烈，在产出绩效上并不显著。另据两位美国经济学家欧莱纳和西彻尔在2000年2月的报告，计算机在90年代早期"只做出了相对较小的贡献"，"但是，这种贡献在90年代的后五年里突然一下就提升了"。据麦肯锡公司对20世纪90年代十年间生产率增长情况的研究发现，在生产率增长的行业中，尽管IT技术的应用起到了不小的作用，但是"竞争的不断加剧"才是"最关键的催化剂"。换言之，商业竞争机制的改进，才使得IT技术发挥了更大的作用。研究表明，对于一个企业而言，IT在大幅度提升企业的生产率方面需要花费多年时间，而企业的收益不仅取决于技术本身，还取决于相关的企业流程和组织创新。

通过上面的例子，生产率与生产要素之间的关系显而易见：只有当商业实践、竞争以及制度发生更大的变化并与IT结合后，生产率的显著提高才会发生，单纯依赖IT技术，对于企业生产率的提高，并不能起到立竿见影的效果。

极简经济学
生产要素

　　生产要素（Factors of Production），又称生产因素，指进行社会生产经营活动时所需要的各种社会资源，是维系国民经济运行及市场主体生产经营必须具备的基本因素。现代西方经济学认为生产要素包括劳动力、土地、资本、企业家才能四种。

§16 当政府发行过多货币时，物价上涨

通货膨胀：如果不那么严重或在预期内，就未必是什么坏事

只有当政府发行过多货币时，物价上涨才成为普遍现象，这就是曼昆经济学原理之九，关于货币供给与物价、通货膨胀关系的重要原理。这一原理指出，货币供给变动会影响经济体中的物价水平，所以中央银行在实施货币政策时一定要考虑通货膨胀的影响。

目前各国都是用纸币来执行贵金属黄金作为一般等价物的功能。纸币是一国法定的货币流通符号，是由一国的中央银行发行。如果流通中需要的货币量超过了发行的纸币所标明的价值量，纸币就要贬值，物价就要上涨。

1948年冬天，上海街头的流浪汉们居然是用钱做墙来抵挡寒风，家家都堆满了钱，要买一张纸，得用一车的钱。这正是国民党政权崩溃前造成的恶性通货膨胀。

上面的例子绝非危言耸听，这是在解放前国民党统治区发生的真实故事，起因就是国民党政府发行了过多货币，导致物价飞速上涨。著名经济学家曼昆关于国家货币供给的问题有这样一个假设，以帮助人们了解通货膨胀的起因。

假设在货币供应量增加之前，社会已经实现充分就业，也就意味着所有人都有工作，此时货币供应量增加，在现行的物价水平下，由于货币的供给量超过了需求量，人们会想方设法花掉这些多余的货币，但是，因为所有人都有工作了，没有闲置的生产力了，生产物品与劳务的能力无法再增加，此时多余的货币试图追逐更多的物品和劳务需求，必然引起物品和劳务的价格上升，导致物价水平整体上升，如果继续增加货币供应量，唯一的后果就是物价水平继续上升，通货膨胀也就产生了。

经济学家米尔顿·弗里德曼说："通货膨胀归根到底是个货币现象。"其实，如果通货膨胀不那么严重，或者在预期内，就未必是什么坏事，甚至是好事。但是，当通货膨胀的程度超过了人们的预料时，就会如猛兽出笼，破坏社会的信用基础，造成财富的转移，让人们对未来失去耐心。所以，对于通货膨胀，政策不能听之任之，而要出手治理。

从历史经验看，治理通货膨胀，政府的手段有很多。

1. 减少货币供给

米尔顿·弗里德曼就说，通货膨胀在任何时间、任何地点，都必然是而且仅仅是一种货币现象。也就是说，是中央银行没有把住货币投放这道闸门，让过多的货币进入到了市场。弗里德曼的话直指通货膨胀的症结所在，要制止通货膨胀就要迅速采取果断措施，必须先堵住货币发行这道关口。

2. 压缩总需求

可以用财政政策，如提高税收，减少个人的可支配收入，从而降低消费需求；同时减少企业的税后利润，减少企业的投资需求；还可以减少财政的购买支出；或者提高汇率，压缩国外需求。也可以用紧缩性的货币政策，如提高利率，把部分需求转化为存款，同时压缩企业的投资；还可以提高存款准备金率，提高贴现率，在公开市场上卖出政府债券，等等。这些手段都可以减少商业银行的贷款规模。

通货紧缩

通货紧缩，亦称作通货收缩，当市场上的流通货币减少，人民的货币所得减少，购买力下降，影响物价之下跌，造成通货紧缩。长期的货币紧缩会抑制投资与生产，导致失业率升高及经济衰退。是一个与通货膨胀相反的概念。但通货紧缩对经济与民生的伤害比通货膨胀还要厉害。

§17 通货膨胀与失业之间的权衡取舍

菲利普斯曲线：失业率和通货膨胀率之间存在着反方向变动的关系

　　1958年，菲利普斯根据英国1867—1957年间失业率和货币工资变动率的经验统计资料，提出了一条用以表示失业率和货币工资变动率之间交替关系的曲线。这条曲线表明：当失业率较低时，货币工资增长率较高；反之，当失业率较高时，货币工资增长率较低，甚至是负数。根据成本推动的通货膨胀理论，货币工资可以表示通货膨胀率。因此，这条曲线就可以表示失业率与通货膨胀率之间的交替关系，即失业率高表明经济处于萧条阶段，这时工资与物价水平都较低，从而通货膨胀率也就低；反之，失业率低，表明经济处于繁荣阶段，这时工资与物价水平都较高，从而通货膨胀率也就高。失业率和通货膨胀率之间存在着反方向变动的关系。

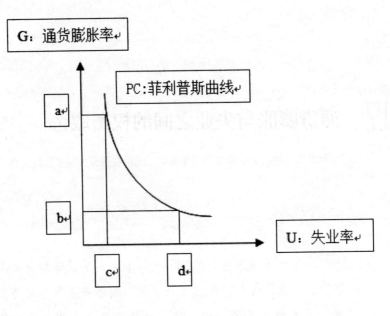

图2-1　菲利普斯曲线

　　图2-1中，横轴U代表失业率，纵轴G代表通货膨胀率，向右下方倾斜的PC即为菲利普斯曲线。这条曲线表明，当失业率高（d）时通货膨胀率就低（b），当失业率低（c）时通货膨胀率就高（a）。

　　曼昆在他的书中详细讨论了通货膨胀和失业之间的关系，菲利普斯曲线很好地说明了两者之间的短期权衡取舍。西方经济学家认为，货币工资率的提高是引起通货膨胀的原因，即货币工资率的增加超过劳动生产率的增加，引起物价上涨，从而导致通货膨胀。所以，菲利普斯曲线又成为当代经济学家用以表示失业率和通货膨胀之间此消彼长、相互交替关系的曲线。回顾一下，前面的经济学原理之一，人们面临权衡取舍。在这里，人们面临着通货膨胀和失业之间的短期权衡取舍。也就是说，如果人们希望降低失业率，比如将失业率降低到一个自然失业率的水平之下，那么人们就必须接受通货膨胀水平的上升。这就是"鱼和熊掌不可兼得"的延伸，

　　当然这样的取舍只在短期内成立，也就是说，通货膨胀和失业之间不存在长期的权衡取舍。

　　在历史上，20世纪70年代的石油危机导致的经济滞涨，带来了高通货膨胀和高失业率并存的一种局面，并打破了短期内通货膨胀和失业之间的权衡取舍关系。

··········极简经济学··········
失业率

　　失业率，是指失业人口占劳动人口的比率（一定时期全部就业人口中有工作意愿，而仍未有工作的劳动力数字），旨在衡量闲置中的劳动产能，是反映一个国家或地区失业状况的主要指标。失业数据的月份变动可适当反应经济发展。失业率与经济增长率具有反向的对应变动关系。2013年9月9日，中国首次对外公开了失业率的有关数据。

微观经济学篇

微观经济学，又称个体经济学，小经济学，是现代经济学的一个分支，主要以单个经济单位（单个生产者、单个消费者、单个市场经济活动）作为研究对象来分析的一门学科。

　　微观经济学是研究社会中单个经济单位的经济行为，以及相应的经济变量的单项数值如何决定的经济学说。

　　微观经济学的主要范围包括消费者选择，厂商供给和收入分配。亦称市场经济学或价格理论。

　　微观经济学的中心理论是价格理论，中心思想是自由交换往往使资源得到最充分的利用，在这种情况下，资源配置被认为是有效的。

§18 专心做好一件事，就能取得成功

分工：社会生产率提高的秘密

在经济学家亚当·斯密生活的18世纪，英国的社会生产率高于同时期的欧洲大陆。他在《国富论》中描述了英国一家扣针作坊的生产情形：

一个人抽铁线，一个人拉直，一个人切截，一个人削尖线的一端，一个人磨另一端，以便装上圆头。要做圆头，就需要有二三种不同的操作。装圆头，涂白色，乃至包装，都是专门的职业。

这样，扣针的制造分为十八种操作。有些工厂，这十八种操作，分由十八个专门的工人担任。固然，有时一人也兼任二三门。我见过一个这种小工厂，只雇用十个工人，因此在这一个工厂中，有几个工人担任二三种操作。像这样一个小工厂的工人，虽很穷困，他们的必要机械设备虽很简陋，但他们如果勤勉努力，一日也能成针十二磅。从每磅中等针有四千枚计，这十个工人每日就可成针四万八千枚，即一人一日可成针四千八百枚。

如果他们各自独立工作，不专习一种特殊业务，那么，他们不论是谁，绝对不能一日制造二十枚针，说不定一天连一枚针也制造不出来。他们不但不能制出今日由适当分工合作而制成的数量的二百四十分之一，就连这数量的四千八百分之一，恐怕也制造不出来。

通过上面这个事例，我们可以看出分工协作大幅提高了生产效率。

市场是随着专业化和劳动分工的不断发展而出现的。市场未出现之前，绝大部分的经济体是处于自给自足、自产自销的状态，生产效率也是极其低下的。

在现代社会，分工与专业化生产大大提高了生产效率，成为企业经营制胜的秘诀。例如，公司中有各个职能部门，财务部负责财务，销售部负责销售，行政部负责日常公司事务……在这样的分工下，各个部门高效率地完成了各自的工作。分工让工作更有效率。试想：让一个人同时做N件事，他会力不从心，但是让他只做一件事，他就能专心做好。同时，专业化分工使得生产的规模不断扩大，从而可以使企业降低平均成本，实现规模经济。

当今社会，劳动分工的程度化越来越高。分工不仅仅限于个人与个人之间，而已经扩展到全世界范围内。比如，波音747喷气式客机的450万个零部件是由世界上8个国家的100个大型企业和15 000个小型企业参与协作生产出来的。在比较优势和分工交换的指引下，跨国公司不断努力降低交易成本和要素成本，并且让分工遍及世界每一个角落。

极简经济学
三次社会大分工

　　距今约9000年前，地球告别了最后一次冰川期，气候日渐温暖，人类开始以采集植物果实和捕猎小动物为生，并逐渐学会了储蓄种子进行种植，捕猎动物幼崽待其长大，出现了最早的农业和畜牧业。之后农业和畜牧业分离，出现了农业部落和游牧部落，这是第一次社会大分工；再之后，出现了手工业，及其和农业的分离，这是第二次社会大分工；最后，出现了专门从事交换和买卖的商人，他们既不从事农业畜牧业生产，也不进行手工制造，这就是第三次社会大分工。

§19 如果没有私有产权，人类可能还停留在原始社会

私有制：生产成果的归属不明确，人们就没有增加生产的动机

私有财产权意味着什么呢？卢梭说："谁第一个把一块土地圈起来并想到说'这是我的！'而且找到一些头脑十分简单的人居然相信了他的话，谁就是文明社会的真正奠基者。"

卢梭所描绘的图景，分析起来具备这些特点：（1）土地是最重要的私有财产；（2）"这是我的！"意味着这不是你的，也不是他的，因而，私有财产权具有明确的界限。（3）私有财产权需要得到他人的认可，即使是几个头脑十分简单的人相信，也是这种权利存在必不可少的条件。第一点很容易理解，因为在农业社会中，土地是最重要的生产资料和生产要素，也是财富之源。第二点和第三点，说明界定清晰而被认可的私有财产是人类文明产生的基石。

农业革命、社会分工和交换的发展，直接促进了产权制度的产生和强化。史前人类把劳动和自然资源结合起来得以谋生，自然资源不论是狩猎的动物还是采集的植物，开始都是作为公共资源而被占用。随着人口的增加和生产力的提高，资源变得越来越稀缺，为了自身的存续和资源利用的效率，必须建立排他性产权，这就是私有制产生的客观需要。

私有制的起源经历了农业耕地的排他性私有、劳动工具私有和不动产私有几个阶段的演化，背后的根本原因在于农业革命提供了私有财产制度，即私有制产生的生产力基础。在农业革命之前，由于生产力水平低下，产品没有剩余，因此没有可供私有的财产，也很难形成私有观念。

生产力的提高产生了剩余产品，有了剩余就有了积累，从而也就有了剩余和积累的分配问题。如果剩余和积累的归属不明确，人们就没有增加生产的动机，经济活动就会陷入停滞。而且，交换的发展也对剩余产品的归属权提出要求，因为归属权不明确，交换就无法进行。

反过来，交换和商业活动的发展，又强化了财产权的私有制，加快了氏族社会的瓦解。生产剩余只有分配给私人所有，才能刺激私人继续从事生产活动。私人把分配给自己的剩余产品用于交换，可以获得生产生活的全部所需，这又刺激私人将生产活动投入到个人要素禀赋产出高的领域，从而推动了分工的发展。而基于分工的商品生产越多，私人及家庭的财产积累就越快，对氏族共同体的依赖就越小，旧有的氏族公社就迅速瓦解为以家庭为中心的小农经济。

私有财产的出现，刺激了私有观念的滋长，诱发了对财产的争夺。氏族部落的首长和家族长利用自己对公共财产的管理权和分配权，或利用对外交换产品的方便，把一些集体的财富占为己有，于是出现了最早的"富人"及贵族。他们凭借权力和财力，将战俘和沦落的一般氏族成员变为自己的奴隶，于是奴隶主占据统治地位的国家就出现了……

在现代社会，产权是经济所有制关系的法律表现形式，它包括财产的所有权、占有权、支配权、使用权、收益权和处置权。

从私有财产的出现到市场经济的确立，这几千年的历史中，产权指的是财产的实物所有权和债权，它侧重于对财产归属的静态确认和对财产实体的静态占有，基本上是一个静态化的范畴。而在市场经济高度发达的时期，产权更侧重于对财产实体的动态经营和财产价值的动态实现，它不再是单一的所有权利，而是以所有权为核心的一组权利，包括占有权、使用权、收益权、支配权等。

具体而言，产权包含以下三层含义：

（1）原始产权。原始产权也称为资产的所有权，是指受法律确认和保护的经济利益主体对财产的排他性的归属关系。它包括所有者依法对自己的财产享有占有、使用、收益、处分的权利。

（2）法人产权。法人产权即法人财产权（包括经营权），是指法人企业对资产所有者授予其经营的资产享有占有、使用、收益与处分的权利。法人产权是伴随着法人制度的建立而产生的一种权利。

（3）股权和债权。即在实行法人制度后，由于企业拥有对资产的法人所有权，致使原始产权转变为股权或债权，或称终极所有权。原始出资者能利用股东（或债权人）的各项权利对法人企业产生影响，但不能直接干预企业的经营活动。

··········极简经济学··········
现代产权制度

所谓产权制度，就是制度化的产权关系或对产权的制度化，是划分、确定、界定、保护和行使产权的一系列规则。制度化的含义就是使既有的产权关系明确化，依靠规则使人们承认和尊重，并合理行使产权，如果违背或侵犯它，就要受到相应的制约或制裁。

20 什么能卖，什么不能卖

商品：产品成为商品的三个条件

某科普杂志上曾经刊登了一则名为"还有什么不能卖"的文章，下面是该文章的部分文字内容：

泥土　太平洋上的瑙鲁，是一个由珊瑚礁形成的岛国，矿产十分丰富，但岛上没有供农作物生长的土地。为了解决这一问题，瑙鲁出口矿产，同时进口泥土，以便种植农作物。

冰山　世界上最奇特的商品，莫过于丹麦格陵兰岛出口的冰山了。这是10万年前的冰，被认为是纯净的、没有污染的，杂质甚少。

水声　美国商人费涅克周游世界，用立体声录音机录下了千百条小溪流、小瀑布和小河的潺潺水声，然后高价出售。有趣的是，该行业生意兴隆，购买水声者络绎不绝。

空气　日本商人将田野、山谷和草地的清新空气，用现代技术储制成空气罐头，然后向久居闹市、饱受空气污染的市民出售。购买者打开空气罐头，靠近鼻孔，香气扑面，沁人心脾。

商品与人们的日常生活有着密切的关系，因为人们每天吃、喝、穿、用、行，样样离不开商品，只要兜里有钱，人们随时可以买到想要的各种商品。

作为商品，首先必须是劳动产品。换句话说，如果不是劳动产品就不能成为商品。比如，自然界中的空气、阳光，虽然是人类生活所必需的，但这些都不是劳动产品，所以它们不能叫做商品。但是，贩卖空气的日本商人为什么能把空气当成商品呢？因为他发现了城市居民的需求，通过劳动——做成空气罐头——把清新空气做成了可以出售的商品。

作为商品，还必须要用于交换。商品总是与交换分不开的。比如说在古代，传统的男耕女织式的家庭生产，种出来的粮食和织出来的布，尽管都是劳动产品，但只是供家庭成员自己使用，并没有用来与他人交换，因而也不是商品。

因此，商品就是用于交换的劳动产品。商品是人类社会发展到一定历史阶段的产物，不是从来就有的。它的产生具备以下两个条件：

第一是社会分工。它是商品产生的基础。因为社会分工，每一个劳动者只从事某种局部的、单方面的劳动，只生产某些甚至某种单一的产品。而人们的需求则是多方面的。为了满足多方面的需求，生产者必然要用自己生产的产品去交换自己不生产而又需要的产品。这种商品生产和商品交换就是商品经济。

第二是所有权不同。它是商品得以产生的前提。在私有制的条件下，产品交换的双方成为独立的利益主体，成为经济利益的对立面。这就决定了双方的交换不能是不等式的，而只能是等式的，即商品经济中的等价交换原则。劳动产品的交换既然是等价的商品交换，那么，生产者的生产过程就成为以直接交换为目的的商品生产过程。

可见，商品既是社会分工的产物，也是私有制的产物。

在现代社会，劳动产品要成为商品，还必须符合第三个条件：法律许可。

比如，在世界上的很多国家和地区，"性服务"作为一种劳动产品，是法律禁止的，就不可以成为销售的商品。而在世界范围内，毒品都是法律严禁交易的劳动产品，一旦参与流通和贩卖，都要受到法律的惩罚。

正常商品与低档商品

　　需求量随消费者的实际收入上升而增加的商品称为正常商品；需求量随消费者的实际收入上升而减少的商品称为低档商品。对前者的消费会随人们收入的增加而增加；对后者的消费则恰恰相反。

21 市场的发展，导致了城市的兴起

市场：社会分工和商品经济发展的必然产物

中国古老的典籍中记载："神农氏作，列廛（音：蝉）于国，日中为市，致天下之民，聚天下之货，交易而退，各得其所。"其中"市"一字，描绘的是商业活动的场所，而非现代意义上的城市。"廛"的意思就是指市中的屋产。表明在神农氏所处的上古时代，交换已非偶然，不仅有固定的交换时间，还有固定的交换场所——市场。

随着商品交换地域的扩大，集市就可能演变为城市。世界上第一批城市大多就在这样的情况下诞生，如两河流域、印度河流域、尼罗河谷、黄河流域的第一批城市。当市场繁荣起来后，经常参加交换的农夫、工匠、技工们就会在市场周围居住下来，形成了早期的城市。显然，城市居民的经济问题，只能依靠市场来解决。换言之，市场经济日渐成为解决人类经济问题的方案，其过程与城市的发展是同步的。

公元前4000年的苏美尔人把楔形文字写在泥板上，专家曾对发掘出土的16 500多块泥板作了解读，发现涉及经济贸易的多达14 000块，文中涉及有贸易联系的西亚地名有5000多处，不仅包括苏美尔各地的重要城市，还有黎巴嫩、埃及、伊朗等国的商业城市，可见当时的市场已经形成了一个网络体系。

市场是指商品经济运行的载体或现实表现，它最初是指交易的场所，后来发展成为对买卖双方和交换关系的统称。市场是社会分工和商品经济发展的必然产物。劳动分工使人们各自的产品互相成为商品，互相成为等价物；社会分工越细，商品经济越发达，市场的范围和容量就越大。

市场是商品经济特有的现象，凡是有商品经济存在的社会都会有市场。市场是商品交换顺利进行的条件，是商品流通领域一切商品交换活动的总和。市场体系是由各类专业市场，如商品服务市场、金融市场、劳务市场、技术市场、信息市场、房地产市场、文化市场、旅游市场等组成的完整体系。各专业市场均有其特殊功能，它们互相依存、相互制约，共同作用于社会经济。

从现实生活中，人们可以直接感受到，商品服务市场与人们的关系最为密切。商品服务市场遍及我们生活的每一个角落，我们常见的大、小商场，各种各样的理发店、家具店、农贸市场、宾馆、饭店等，这些都属于商品服务市场。随着市场经济的发展，各类市场都在发展。网络经济等新经济形式的兴起，也促进了新的虚拟市场的产生和发展。

从市场行为方面看，它具有竞争性和平等性两个突出的特征。竞争性来自要素资源的自由转移与流动，表现为优胜劣汰，奖优罚劣。市场竞争有利于提高生产效率和对要素资源进行合理利用。

市场的平等性是指相互承认对方是自己产品的所有者，对其所消耗的劳动通过价值形式给予社会承认。市场行为的平等性是以价值规律和等价交换原则为基础的，它不包含任何阶级属性，它否定了经济活动中的特权和等级，为社会发展提供了重要的平等条件，促进了商品经济条件下资源的合理流动。

·········极简经济学·········
市场占有率

市场占有率又称市场份额，是指一家企业的销售量在市场销售总量中所占的比重。市场占有率越高，表明企业的竞争能力越强，产品被消费者接受的程度越大，企业销售收入也越多。因此，维持或扩大市场占有率是一个企业最重要的目标之一。

22 没有历史视野的经济学家，只懂得一些皮毛

市场经济：解决人类经济问题的第三种方案

上帝在造出人类的始祖亚当和夏娃后，把他们叫到跟前。

"亚当、夏娃呀！现在你们成了地球上无上的高灵智动物，'伊甸园'是我在地球上建的大花园，今我把它作为礼物送给你们，园内一切生灵由你们主宰，你们要好好珍惜啊！食物和享受，我把它们放在园子里了，你们要靠自己的辛勤劳动去获取啊！三百六十五日为一年，分一年为四季，春夏秋冬，周而复始，你们去摸索不同的生活方式；七天为一个工作周，星期一至星期五，是你们劳动的日子，星期六可以尽情娱乐行使你们的权利，而星期天则不要忘了做礼拜哟！有什么烦恼和忧伤，你们可以利用礼拜天向我倾诉，我永远是你们精神的寄托。"上帝仁慈地嘱咐道，"另外，我在那无为水边种了一株人参果树，是你们的生命树，必需每日浇灌，不可一日缺水，三百六十年后能结果，那果子是禁果，你们吃不得，希望你们不要忘记哟！"

上帝不但造了人，还为人设定了赖以生存的一切。然而，人类的繁衍和文明的延续，还必须有可持续的生计之道。

一个社会的发展和文明的生长，必须建立在已经找到了经济问题的解决方法的基础之上，这事实上意味着两个相关却又独立的基本任务：（1）组成一个系统，以确保能生产出生存所需要的产品和服务；（2）安排社会生产成果的分配，以确保可以进行更多的生产活动。

貌似简单实则复杂的经济生产和分配任务背后，隐藏着的挑战分为三个方面：第一，人力调动的挑战：即要设计一些能把人类能量调动到生产性用途的社会制度；第二，人力配置的挑战：即社会制度不仅要确保生产领域足量的社会人力，而且要确保对其进行有效的配置；第三，产品分配的挑战：即要通过恰当的分配方式，确保人愿意继续投入到生产领域。

对上述三个挑战的应战，形成了人类社会解决经济问题的方案。经济学家从现代回溯到历史，考察了人类社会这些经济方案的基本机制。发现人类伟大的经济制度总体上只有三种类型：由传统运行的经济、由命令运行的经济、由市场运行的经济。他们单独或者结合在一起使人类能够解决经济挑战。

传统不仅能够解决生产问题，而且在解决分配问题上的方式也是独特而有效的。

首先，按劳分配起源于传统。在原始社会中，很少有不劳动的人，因为生产力的低下和产出的贫乏，使得不劳动会直接饿死冻死。经济学家海尔布罗纳引用了一个原始社会丛林人的分配机制[1]：打得羚羊的猎手Gai得到了两条后腿和一条前腿。这不会引起部落其他人的不满，因为猎手是羚羊的直接生产者。劳动者得食，在人类原始阶段就已经成为朴素的分配价值观，这对经济的延续意义重大。按照现代激励理论中的期望模式，人是

① 《经济社会的起源》，罗伯特·L.海尔布罗纳，威廉·米尔博格，上海三联书店，2010年6月，P7—8。

否采取某一特定行为取决于行为结果的确定性和结果对人的吸引力。如果某一特定的生产行为可以稳定地获得对个人有吸引力的报酬，那么持续的生产行为才能够被激励出来。按劳分配原则起到了这样的激励作用，直接激励人重新投身于劳动，因而按劳分配在各个社会阶段都显得无比重要，而这产生于传统。

其次，传统社会以血缘关系来进行分配。身强力壮的劳动力可以得到较多的报酬，但是没有人怀疑他会独吞，他最终会在血缘亲属中共同分享，以使得每个人都能生存下去。在丛林人的例子中，猎手Gai不仅会把分得的猎物与妻儿分享，而且他还分给Dasina一块肉，因为她是他的岳母。这种分配机制，在中国古代，集中体现在孝道里。不尊养老人、不娶妻生子、不祭祀祖先[①]，都是不孝。孝道甚至主张，不仅要将劳动所得分配给活着的家人，还要想着让死去的家人——先祖——也得到祭品的孝敬。孝道在促进生产上也有积极作用，例如"家贫亲老，不为禄仕，二不孝也"，意思是：家境贫寒，而父母又年迈失去劳动能力，子女不想办法谋生养家，是第二种不孝。孝道通过道德伦理的压力实现了对人力的生产调动，是有别于子承父业的。

第三，按需分配也起源于传统。负责家政的主妇通常是家庭分配的巧手，她出于对家庭成员发乎内心的关爱，会根据每个人的需要把有限的收入分配得很有条理，照顾到每个人的生活起居、健康以及和亲友邻里的关系。例如她会把有限的肉类分配给最需要营养的幼儿和丈夫，而自己和较大的孩子只进食勉强维持生存的口粮。按需分配有着古老的渊源，原始社会的经济产出具有极大的不确定性，大多数时候产出的贫乏，使得维持生存必须按照需要的紧急情形来分配生活资料。当某一社会成员已经缺衣少

---

① 汉代人赵歧在其所做的《十三经注》里，注释孟子"不孝有三"时说："于礼有不孝者三者，谓阿意曲从，陷亲不义，一不孝也；家贫亲老，不为禄仕，二不孝也；不娶无子，绝先祖祀，三不孝也。"

食到活不下去的时候，其他人也要节衣缩食，相互周济。按需分配在这时成为保证更多人能够维系生存的唯一重要手段。此外，按需分配也与节约有关。原始社会资源和产出有限，浪费是不可能的，节约是很自然的事。节约还意味着由于产出不足以支持人的所有需要都得到足够的满足，因而只要能达到维持基本生存的需要即可，也就是说"够"即可，超出"够"的部分应分配给"不够"的人。由节约进而发展到节制和禁欲主义，按需分配要求把个人的需要压制在"能够生存"的层面之上，以便把节约出来的产出用于维系更多人的生存。但是人的欲望无穷无尽，一有条件就会向更多更高的层面伸张，所谓欲壑难平，因而按需分配的方式只会局限在较小的范围，但是这种分配机制却非常关键，它体现了人类在严酷的生存现实下对群体生存欲望和个体生存欲望的兼顾。按需分配不仅依然存在于现代社会（例如父母资助年轻子女置办房产等），而且在对人类美好社会——共产主义——的描述中，也是一种令人向往的分配方式。尤其是在现代社会面临因过度开发而导致的地球危机时，由按需分配衍生出的节约、节制和禁欲，仍然是重要的人类价值观。

第四，传统也以恩惠原则来进行分配。猎手Gai也有可能给既无血缘也无身份差别的另一个猎手一块肉，因为后者曾经在自己空手而归的时候周济过自己。上述例子中送肉给师傅的行为也有可能不是为了获得身份认同，而是发自内心的感谢。这种知恩图报的分配机制，也是传统经济的一大特色。比较典型的是"苟富贵，勿相忘"，一个人发达了，如果不能与当初共患难的人一起分享，就会被人耻笑和谴责。还有古代宫廷的赏赐行为，赏赐的目的是为了让赏赐对象感受到"皇恩浩荡"，从而报效朝廷。虽然赏赐也有"论功行赏"这样按劳分配的意味，但往往会多于按劳分配的额度，目的是为了激发赏赐对象的感恩之心。在中国广大农村地区，至今还保留着"婚丧嫁娶"等重大事件发生时，远朋亲邻从四面八方前来送礼、张罗操办的传统习俗，这极大地缓解了普通家庭在遇到突发事故时因经济困难而无以应对的压力。这种调动人力和资源的传统机制，恩惠原则比血缘原则所起的作用要大得多，因为这样的情形，会在彼此身上发生。

第五，传统还以恤怜弱者为分配原则。这一原则需要用亚当·斯密使用的概念——"同情"——来予以阐明。同情是指对他人激情的共鸣和感同身受，可以用"怜悯"和"体谅"来表示对他人哀伤所产生的同情[①]。最早的安葬习俗可能就与此有关。人们出于对死者的哀伤和同情，希望通过某种仪式和"分配"陪葬品等方式来慰藉亡灵——实际上是慰藉自己。还有对乞丐的施舍，他们的可怜状况激发了人们的同情心，因而被无偿分配到了剩余的生产物。除了施舍，还有捐赠和慈善。从更广泛意义上分析，恤怜弱者的分配原则，实际上是比较隐秘的按需分配。因为人们在进行施舍、捐赠和慈善的时候，无论出于什么目的，都预设了"别人比我更需要"这一潜在前提。另外，从这种恤怜弱者的分配原则中萌生了早期的社会保障思想。孟子主张行"仁政"，他说："老而无妻曰鳏，老而无夫曰寡，老而无子曰独，幼而无父曰孤。此四者无下之劳民而无告者，文王发政施仁，必先斯四者。"向没有劳动生产能力的鳏寡孤独提供"仁政"的社会保障，正是恤怜弱者分配原则向社会制度设计上的延伸。

第六，传统是否以生产资料私有制为依据进行分配呢？乍一看，似乎这是市场经济才有的分配方式，其实不然。在农业革命之前，由于生产力水平低下，产品没有剩余，因此没有可供私有的财产，也很难形成私有观念。生产力的提高产生了物质剩余，有了剩余就有了积累，从而也就有了剩余和积累的分配问题。如果剩余和积累的分配归属不明确，人们就没有增加生产的动机，经济活动就会陷入停滞和倒退。因而，将生产剩余分配给社会成员及其家庭私有，是激励再生产和经济延续的必然条件。

原始农耕社会或非工业社会，大都通过传统来解决生产和分配的经济

---

① 《道德情操论》，亚当·斯密，译林出版社，2011年1月，P5。

问题。在这些社会，人们毫不置疑地接受过去，不仅具有经济作用，而且还为缓释人类在大自然面前的严酷命运提供了必要的坚持和耐力[1]。但是传统经济模式带来了一个非常严重的后果：传统对生产和分配问题的解决方法是一种静态的方法。社会在经济管理事务中遵循传统路径，就会缺乏深远而快速的社会经济变革[2]。换言之，用传统解决经济问题的代价是缺乏经济进步。

人类经济的延续性问题，第二种解决方案是通过强制性权威和经济命令的方法。命令解决经济问题，可能产生于国家之前。中国远古时代传说有大禹治水，禹接受舜的指派，带领众人完成了对洪水的疏导。这种对人力向治水领域的调动，就属于命令经济模式的范畴。在国家出现之后，国家权力的最高拥有者自然成为最高经济权威，他通过层层控制的方式有组织地干预生产和分配，才使得命令成为人类战胜物质匮乏和生存挑战的重要经济模式。

命令在生产上的调动机制和配置机制，有以下多种方式：

第一，发布经济命令，强制性向生产领域调动人力和配置人力。例如埃及的金字塔、中国的长城等建筑，都是类似的见证。比较典型的是战国时期发展成熟的耕战制度。耕，即农耕；战，即作战。主要目的是实现兵农合一，既保障国家的经济力量，又保障国家的军事力量。战国之前，没有纯粹的农民，军人皆是贵族；耕战制度建立后，农民成为国家的主体，贵族多由军人出身。秦国即凭借强大的农民生产体系、全民皆兵以及战争鼓励制度，从而横扫六国。后世曹操也直接调动士兵从事农业生产，这种既务农又操练打仗的方式为"屯兵"增加了生产的含义，解决了士兵们的经济延续问题。后世在多年战乱而生产不足的情况下，多被借鉴。

---

[1]　《经济社会的起源》，罗伯特·L·海尔布罗纳，威廉·米尔博格，上海三联书店，2010年6月，P8。

[2]　同上

第二，通过"四民分业"和户籍管理等手段，强制性维持生产领域的人力调动和配置。在中国，管仲第一个提出"士农工商"的"四民分业"理论，四民各定其居，不得杂处、不得改业、不得迁移。使手工业、商人在四民中能够保持合理的比例，促进了二者的发展，同时防止农民轻易地弃农经商，在农业上保持足够的劳动力[1]。始于"四民分业"的户籍管理制度到了唐朝发展得极为严格，政府采用"乡里邻保"的方式，把生产力按照"百户为里，五里为乡，四家为邻，五家为保"的网络组织起来，所谓"编户齐民"，规定士、农、工、商各专其业，民户不得擅自迁移等[2]。这些手段弥补了传统通过子承父业来调动人力和配置人力的不足，在维持经济稳定性上是有效的。

第三，通过制定政策鼓励生产。例如《商君书》中记载：秦朝商鞅提出从邻国的三晋地区招引民夫的计划，"足以造作夫百万"，吸引人力的措施是"利其田宅""复之三世，无知军事"，即给予田宅，三代之内不用服兵役，专门从事农业生产[3]。东汉初期朝廷推出"移民得田"政策，鼓励农民移民新区，耕种一定时期后可以拥有田地产权。这类似于美国建国之后的西进运动，用土地产权刺激人口迁移，提高生产供给[4]。当代加拿大、澳大利亚等地广人稀的国家，也依然采用类似的移民鼓励政策，来吸引世界各地的人以技术移民和投资移民的方式促进本国的经济发展。

第四，通过提供公共产品来提高生产的效率。由政府提供公共产品以保障和推进生产的开展，在现代公共产品理论中用来解释国家的起源和政府的职能。在命令经济模式的历史渊源中，拥有经济命令权的各类政权机构在这方面也的确发挥了出色的功能。例如中国自战国开始就兴修了大量

---

① 《商业史话》，王慧著，社会科学文献出版社，2011年12月，P25。

② 《财经简史》，穆晓军著，北京大学出版社，2010年8月，P91。

③ 《财经简史》，穆晓军著，北京大学出版社，2010年8月，P49。

④ 《财经简史》，穆晓军著，北京大学出版社，2010年8月，P73。

的水利工程，之后历朝历代都重视农田水利建设，使生产免于水患或者为农业提供灌溉系统。还有不同程度的法律及执法机关，以惩罚对生产的破坏行为以及协调各种经济关系。

命令经济模式在分配上也卓有成效。

第一，最典型的命令式分配是税收。国家通过政策和法规从产出中强制性提取一部分由经济权威统一分配，用于权威阶层的享用和公共事业。

第二，经济权威强制性占有生产成果。这种情况与税收是有区别的，例如将罪犯的财产充公，对扰乱社会治安的人进行经济处罚等。

第三，体现在对土地等重要生产资料的分配上。中国自周开始，"天下之大，莫非王土"的土地国有观念就已形成，天子——经济权威和名义上的土地拥有者——如何有效地分配土地，直接关系到经济的发展。这也是历朝历代的统治者都重视土地政策的原因。

简言之，经济命令在解决生产和分配这对孪生问题上的效果也是极其有效的。特别是在危机爆发（如战争、饥荒、地震等自然灾害）时，它可能是社会有效组织人力和分配的唯一方式[1]。苏联和共产党执政中国的前30年，完全依靠经济命令来计划社会生产和分配，曾在一段时期内，取得了快速实现工业化、快速发展国防事业等卓越效果，但最终被证明在解决经济问题上是失败的。这种相信计划可以完全解决经济问题的意识形态，是一种对命令经济模式的超级信奉，被哈耶克称之为"致命的自负"。

市场能够成功地提供生产调动机制、生产配置机制和分配机制，从而成功地解决经济问题。这种经济模式在人类第二次社会大分工过程中萌芽，在第三次社会大分工中已经发挥作用。但是直到16世纪，在西欧的英国、荷兰等地才出现了以市场经济作为主要经济制度的社会，这个社会就是商业社会。

---

[1]　《经济社会的起源》，罗伯特·L.海尔布罗纳，威廉·米尔博格，上海三联书店，2010年6月，P9。

在商业社会里，"一切人都要依赖交换而生活，或者说，在一定程度上，一切人都成为商人，而社会本身，严格地说，也成为商业社会。"亚当·斯密把市场经济的解决机制比作是一只"看不见的手"。他在分析市场的生产机制时说："他采取了可能使其生产物达到最高交换价值的管理方式；他在自身利益这只看不见的手的指导之下，不分场合地为达到一个并非他本意想要达到的目的而努力着……虽然商人的本意是追求自身利益，但他在追求自身利益的过程中，却为社会带来了更多的利益。"斯密在分析市场的分配机制时说："虽然天性决定他们贪得无厌，但他们的消费量也不过略微高于穷人，虽然他们仅仅贪图一己之便，虽然他们为成千上万被雇劳工制定的计划，唯一目标就是满足他们根本无法满足的奢望，最终也只得和穷人一起分享大家合力经营的产品；他们被一只无形的手引导着去分配生活必需品，而在土地被平均分配给地球居民时，分配方案也不过如此，他们在不知不觉中去增进社会利益，并为日益增多的地球居民提供生活资料。"简言之，市场经济靠"无形的手"使社会在解决经济问题时获得了自组织的能力，只要赋予市场自由的环境，它就能够带来丰富的物质产品，并自行解决好分配问题。这就是商业社会经济系统最主要的特征。

··········极简经济学··········
经济自由

自由经济主义者认为，除非危害他人，否则个人的经济自由不应受到限制；个人也没有必要为自己的行动向社会负责，因为这种自由行动本身就会给社会福利带来额外的好处。批评者指出，尽管自由是有效率的，但它并不能自动带来公平。经济自由很可能会导致财富的集中，而这种集中是极其危险的。

23 每个人都拥有，
就意味着每个人都将失去

效率与产权明晰：责权利一致的自然人，能有效配置资源

　　在中世纪的英国，草地是所有村民共同拥有的，每个人都有同样的使用权。每个人都尽量多地在草地上放羊，放的羊越多，自己的收入越多。但没有一个人想对土地进行维护，因为自己花费时间与资金维护草地，好处由所有人享受，自己无法独自占有。放牧的羊太多，又没有人维护，草地终于荒芜了。

　　打破这种现象的是"圈地运动"。16世纪以后，英国的工商业迅速发展，对羊毛的需求急剧增加，价格上涨。但这种公有地制度的存在限制了养羊业的发展，于是一些有权的新兴资产阶级贵族用暴力把公有土地变成自己私人的土地。"圈地运动"导致许多农民流离失所，该时代被称为"羊吃人的时代"。但私有产权的建立迅速提高了牧场的生产效率，使英国成为世界上第一个工业化国家。产权的变革成为英国市场经济的起点。

　　为什么把原来的公有牧场变为私人牧场就提高了效率，成为市场经济的起点呢？这是因为产权是排他地占有、使用某种资产并取得收益的权利。一个完整的产权应该包括占有权、使用权、转让权、受益权。这四种权利统一在一个所有者身上，即某种财产有一个明确的所有者，就称为产权明晰。这个所有者应该是具体的自然人，而不能是一个抽象的整体。英国中世纪的公有地就属于产权不明晰。

整个村子的所有人都是共同的所有者，占有权不具有排他性。使用权和转让权也属于所有人，由于达成一致意见的谈判成本太高，改变为更有效的用处或转让都无法实现时，每个人都有从草地获得收入的权利，但没有人对草地负责任。这就是在产权不明晰时就没有效率的原因。

产权明晰为什么有效率呢？人们把产权作为效率的基础就在于，产权明确地解决了有效使用资源的两个关键问题：

一是实现了使用财产的权责利一致。所有者有权决定财产的使用（权），获得并享受这种使用而得到的利益（利），同时就承担了使用不当应付的责任（责）。当这三种权利集中于所有者一人时，他的利益与财产的使用密切相关，这就激励他把财产用于最有效的用途，并努力实现财产给他带来的利益，避免使用失误带来的损失。

二是保证了财产在转让中流动到最有效地使用它的人手中。财产是在使用和流动中增值的。假设，有人有一家饭店，每年可盈利100万元，按现值法评估，假设利率为10%，则该饭店价值为1000万元。如果另一个人认为，自己经营可以使这家饭店每年盈利200万元，该饭店就价值2000万元。如果这两个人经过谈判自愿按1500万元的价格进行转让，饭店由第二个人所有并经营，该饭店价值就由1000万元增值为2000万元。饭店的使用就更有效率了。这种自愿的交易是双赢的，对第一个人来说，价值1000万元的饭店卖了1500万元，获利500万元，对第二个人来说，价值2000万元的饭店只用了1500万元就买到了，获利500万元。双方的利就来自饭店更有效使用的增值。产权中的转让权及各人使用财产的效率不同引起财产流动，流动的最后结果是流到使用财产最有效的人手中。

　　圈地运动使牧场有了明确的所有者，他对草地的权责利一致，同时也可以卖给更有效率的人，草地的使用效率就提高了。这正说明了产权明晰是市场化的中心问题。

　　有一家陶瓷厂投产后，因该厂排放的气体严重影响附近中学而引发纠纷。学校与工厂仅是一路之隔，南风将工厂排出的废气吹散到校园，师生深受其害，学生家长还联合到陶瓷厂堵住厂门禁止开工，一度造成企业和学校、群众之间的严重对立。

　　哈佛大学的教授在课堂上讲述了这个案例，然后让前来进修的一位中国官员谈谈他想到的办法。

　　这位官员稍作思考，认为学校是早就存在的，工厂是后来建造的。而现在工厂的污染侵害了学校利益，因此，应该对工厂进行罚款，并勒令它停产整顿。

　　教授微微点头，不置可否，然后问道："为什么不让他们自行谈判解决呢？"

　　事实上，这个真实的案例，就是通过谈判解决的。经各方努力，该厂出资200万元购买原校区，还捐资100多万元资助新校区的建设，同时也投入设备完善治污设施。

　　这个案例反映了经济学上的一个定理，即科斯定理。科斯定理来源于罗纳德·哈里·科斯一篇名为《社会成本问题》的文章。这一定理告诉人们，只要明晰产权，就能实现产值最大化。

　　在无交易成本的情况下，任何一种权利的起始配置都会产生高效率资源配置。因此，权利的初始界定是无关紧要的，重要的是能够允许双方通过交易来调整配置结构和权利。一般人会认为，因为企业无污染的权利，要对污染企业课以重税，甚至查封。那么：这种污染税的多少又由谁来确定？而什么程度的污染才应该交税？显然，答案是模糊的，同时这也会为权力的寻租创造更大的空间。

显然，工厂捐资建造新校区，不是因为他们的爱心，而是他们知道，这比停产整顿要好得多。该中学已经有数十年的历史了，当地规划的工业区恰好位于中学旁边，随着当地工业的快速发展，学校的原址已越来越不适合教学。经各方沟通，该厂也意识到学校搬迁对工厂发展有利，于是出资买下了学校，作为扩充工厂的用地，并且捐资建起新学校。这个"捐资"其实就是工厂支付给学校的费用，用来购买他们污染的权利。

当然，过重的污染会对自然环境造成大的损害，并且如果污染企业要和被污染人达成协议，交易费用将是不可估量的。这也是为什么科斯定理中存在交易费用为零的前提原因。所以在环保部门督促下，该厂还是逐步投入资金，完善治污设备。

在上述陶瓷厂污染事件中，如果学校把工厂告上法庭，而法院判定，工厂的污染损害了学校利益，要停业整顿，这样的结果是工厂利益受到损害，而学校也未必得益，因为它位于工业区边缘，工业区不断增加的工厂或多或少都会对它产生影响。而由企业出资搬迁学校，校容得到改观，是双赢。双赢的前提是允许交易。世界的多姿多彩正是因为各式各样的交易存在。

··········极简经济学··········
产权明晰是效率的基础

> 无论对于一个社会，还是一个企业，产权明晰都是效率的基础，人们判断一种产权，不是从伦理的角度，说它是"好"还是"不好"，而是从效率的角度说它"有效率"还是"无效率"。产权是实现效率的工具。工具无所谓好坏，只在于能否达到目的。

# §24 风能进，雨能进，国王不能进

产权保护：为什么有的富人要移民海外？

　　1866 年 10 月 13 日，刚刚打赢对奥地利的"七周战争"，把 500 万人口和 64 万平方公里土地划入了普鲁士版图的威廉一世，在大批臣属的前呼后拥之下临幸他在波茨坦的一座行宫。然而，行宫前的一座破旧磨坊却让他大为扫兴，他想拆除，但磨坊却并不属于王室；他想赎买，奈何磨坊主死活不卖。暴怒的国王强令拆除，但被磨坊主诉至法庭。本来平民告国王已经是破天荒头一遭，但审理案件的三位法官毅然一致裁定：被告人因擅用王权，侵犯原告人由宪法规定的财产权利，触犯了《帝国宪法》第 79 条第 6 款；责成被告人威廉一世，在原址立即重建一座同样大小的磨坊，并赔偿原告人 150 元。

　　那时，欧洲已经有了完全独立的法院。法律规定，包括皇帝在内的任何人都可以成为被告。更令人瞠目结舌的是，这一次威廉一世不但真的坐在了被告席上，而且还输掉了官司。法庭最后判皇帝败诉，必须在原地按照原样重建磨坊，另外还得赔偿磨坊主人的经济损失。对于法院的判决，威廉一世只得表示顺从和执行，重建了磨坊。

一晃几十年过去了，当年的威廉一世和磨坊主人都相继离开人世。由于经营不得法，小磨坊主的后代面临破产的厄运。在无可奈何之际，他给威廉二世写了一封信，表示愿意把磨坊转卖给皇帝。

读到这封信，威廉二世感慨万分。他觉得这座磨坊与众不同，是历史的见证。它代表了司法独立和公正的形象，必须作为一座丰碑为子孙永远保留下来。威廉二世亲自写信，对小磨坊主好言相劝，希望他能够像当年他父亲爱护自己的生命那样爱护自己的磨坊，代代相传。为了帮助小磨坊主还清所欠的债务，还赠送了几千马克。

小磨坊主收到信和钱后，非常感动。他表示要铭记往事，再也不把这座磨坊卖掉。

欧洲启蒙运动以来，经济学家们一直认为有益的产权制度必须要保护产权，确保人们得到回报，方便人们签订合约以及解决纠纷。只有人们能够感受到这种安全感的时候，人们才会受到鼓励进行投资，扩大再生产，从而促进经济发展，促进社会财富的积累，推动社会进步。如果一个社会、国家不能提供一个相对安全的生活环境，贫穷的人可以随意掠夺有钱人的资产，偷盗成风，打家劫舍成为家常便饭，那么这样的社会，这样的国家就必然会出现经济发展迟滞甚至倒退，因为人们失去了积累财富的动力。

有些国家的产权制度不够完善，不完善的产权制度导致了一系列关于产权的纷争，使人们在潜移默化中产生了不平衡的心理，使人们对富人产生了仇视的不健康心态，形成了不良的社会风气。人们鼓励劳动，鼓励创造财富，但是财富以及财富所有者的人权、财产权却得不到应有的保护。这样，社会的发展必然会受到影响。所以要保证社会的发展，就要鼓励人们勤劳致富，就要建立完善的制度……这些都是产权所包含的内容。

产权制度保护的正是人们相应于物的这种人与人之间的相互关系。但是，我们必须清楚地看到，产权的保护又包括两个方面，一个是投资、财产免受他人的侵犯；另一方面我们必须承认，能够保护私有产权的强大政府本身也可能成为产权的破坏者。

比如西班牙皇室，他们为了维持庞大的军队开支，大量地没收私人资本，同时还向民间举债，发行了大量的债券。政府的利息负担越来越重。后来竟然单方面宣布延长还债期限、降低利息。后来仍然偿还不起，干脆自说自话宣布破产，最后赖账了事。所以当时人们选择的最好出路就是当学生、僧侣、乞丐或者官吏：在这样的产权制度下，还有谁会投资进行生产活动呢？

再来看美国。独立战争期间，国家向个人借了大量的国债，独立战争结束后，百废待兴，面对巨额国债，国家根本无法偿还，于是很多人主张将这笔债务免除。但是，由于当时很多高层的掌权者本身就是国家债务的债权人，这些债权人联合很多拥有国家债权的议员，最终在费城召开会议，通过了一项法案，确立了美国私有财产不受侵犯的法律依据。正是这个对产权保护制度的鼓励和示范作用，使美国这个新兴的资本主义国家获得了迅猛发展的动力。

西方国家把铁刺的发明称为世界第七大发明，为什么这么一个简单的东西得到人们如此高的评价呢？因为正是这个非常简单的铁刺的发明，使小偷的盗窃成本大大提高，有效地保护了社会财富的安全，促进了社会的进步和发展。现在，在很多城市的小区里，楼房上都安装了防盗网、防盗门甚至防盗摄像探头，设置了保安，这都是为了保障人民财产安全。但是，我们必须清楚地知道，保护财产的成本越高，财富的价值就降得越低。当我们为了保护一个几万元的钻石项链却要花费十几万元财富的时候，这个钻石项链其实就已经一文不名了。

面对目前产权制度缺失的实际情况，我们更应该在实际的经济生活中，注意保护自己的财产权利，在经济活动中要保护好财产获得的法律凭据，比如购买房屋的发票，它是你合法取得房屋的唯一凭据，据此你才可以在房产管理部门办理房屋产权登记证，有了这个证件，你的房产才能够被合法地使用、抵押、保险、出租、转赠、出售……

再比如，我们日常的买卖活动，人们还没有养成购买商品索要发票的习惯，没有发票你就没有获得商品的合法证据，这样退货、换货、维修、保养等等，就没有合法的证明，就容易产生产权不清晰的问题。

可见，建立一套完整、有效、操作性强的产权保护制度，降低社会的交易成本，对我们现阶段的市场经济社会来说，已经是一个刻不容缓的课题了。市场经济社会是一个现实的社会，每一个人虽然都是理性的经济人，但是人的理性也是有限的，每一个人又都具有一定的机会主义倾向，所以在有些场合，当权力、法律、感情都不能有效解决一些特殊的、混乱的、模糊的产权问题的时候，人的机会主义就会作怪了，黑吃黑的恶果就在所难免了。当用正常的手段进行产权交易成本太高的时候，人们就可能转而去寻找不正常的手段，以降低交易的成本。在目前的经济转轨时期，在普通老百姓中间，关于产权纠纷的案件其实每天都在发生，这些案件很大一部分都是因经济纠纷引起的，而所谓纠纷其实就是产权不清晰。

一系列关于产权纠纷的恶性案件引起了中国国家高层领导人的关注。就是在这种情况下，国家随之在《城市房屋动迁条例》中对强制动迁进行了严格的限制，在一定程度上保护了个人的财产权利。宪法中也开创性地增加了保护私有财产的条款。不要小看这么一句话，它的现实作用和历史意义将是非常巨大和深远的，有可能会引起产权制度的一场深刻革命。

私人产权的保护，涉及公权力和私权力的问题。这里有一句广为引用的名言："风能进，雨能进，国王不能进。"它出自英国的一位首相威廉·皮特。皮特用它来形容财产权对穷苦人的重要性和神圣性。原文是这样的："即使是最穷的人，在他的小屋里也敢于对抗国王的权威。屋子可能很破旧，屋顶可能摇摇欲坠；风可以吹进这所房子，雨可以打进这所房子，但是国王不能踏进这所房子，他的千军万马也不敢跨过这间破房子的门槛。"

"风能进，雨能进，国王不能进"道出了一个基本常识，那就是公权力和私权力有明确的界限，必须恪守"井水不犯河水"的原则。当然，不是说公权力不能进入私权力领域。公权力进入私权力领域有一个原则，那就是"非请莫入"。私人事务没有请求公权力救济，政府不能介入。在国家和社会之间有着严格的分界线。当事人行使了请求权后，公权力才能进入私权力领域。

简言之，私权力要通过法律加以保护，公权力要用法律进行限制，即"把权力装进笼子"。

··········极简经济学··········
限制公权力

意思是指公权力具有天生的强烈的自我扩张性，其行使的空间必须有边界。法国启蒙思想家孟德斯鸠曾说过："一切有权力的人都容易滥用权力，这是一条千古不变的经验。有权力的人直到把权力用到极限方可休止。"

25 世界各国为什么都要
控制食盐的价格?

需求弹性与刚性需求: 不是所有商品都能薄利多销

　　某服装店开张, 但顾客并没有老板预想的多。当老板看到满街的商店降价促销的吆喝声不绝于耳, 打折出售的招牌随处可见, 而看到这些红红火火的顾客盈门的场面, 老板心想"薄利多销"是很有道理的。于是, 老板在门口树立一个很大的牌子, 上面写着"新店开业, 八折优惠"。可几天下来, 服装店的生意依然不够乐观。

　　服装店隔壁是一间米店, 米店老板的米从不搞什么打折、优惠活动。店门口价目表几个月也不改一下, 就算偶尔改动, 不是把"1.7"换成了"1.8", 就是"1.8"换成了"1.9"。上下变动也不大。但米店的生意还可以。

　　服装店老板就不明白了: 为什么米店老板从来不打折, 米的价位还有小幅度的上涨, 可生意却比自己还好?

为了解释这一问题, 经济学家用了弹性的概念。

需求规律表明, 一种物品的价格下降使需求量增加, 需求价格弹性衡量需求量对其价格变动的反应程度。如果一种物品的需求量对价格变动的反应大，可以说这种物品的需求是富有弹性的；反之，需求是缺乏弹性的。

用公式可以表示为：

需求价格弹性=需求量变动的百分比/价格变动的百分比

当弹性＞1，需求是富有弹性的；弹性＜1，需求是缺乏弹性的；弹性＝1，需求是单位弹性；弹性=0，需求完全没有弹性。在现实生活中，有很多商品是缺乏弹性的，如粮食。如今，商品打折已经成了一种风气，无论大街小巷，总会看到"大甩卖""跳楼价""大放血"等字样。但人们很少看到粮食等商品打折销售，缺乏弹性就是其主要原因！

在商业活动中，对于需求富有弹性的商品可以实行低定价或采用降价策略，这就是薄利多销。薄利虽然价格低、每一单位产品利润少，但销量大，利润也就不少。因此，降价策略适用于这类商品。但是对于需求缺乏弹性的商品不能实行低定价，也不能降价出售。降价反而使总收益减少，所以，在现实中很少有米面、食盐之类的商品降价促销。

那么，究竟是什么因素决定一种物品的需求富有弹性，还是缺乏弹性呢？由于任何一种物品的需求取决于消费者的偏好，所以，需求的价格弹性取决于许多形成个人欲望的经济、社会和心理因素。

一般来说，必需品倾向于需求缺乏弹性，而奢侈品倾向于需求富有弹性。例如，小麦、大米这些生活必需品的需求量，并不会因为价格的变动而起太大的改变。与此相反，当游艇价格上升时，游艇需求量会大幅度减少，原因是大多数人把小麦、大米作为必需品，而把游艇作为奢侈品。

另外，有相近替代品的商品往往较富有需求弹性。例如，CD机和MP3播放器就很容易互相替代。当前者的价位上升时，就很容易导致后者需求量的增加。总之，了解了需求弹性，人们对日常经济生活就有了更深入的认识。

人们看到很多商品打折销售的同时，却很少看到粮食等商品打折销售。这是因为粮食消费是人们的刚性需求，不会因为价格上升而减少对其消费。

其实，刚性需求是相对于弹性需求而言的，它是指商品供求关系中受价格影响较小的需求，这些商品包括日常生活用品、家用耐耗品等。也可理解为人们日常生活中常见的商品和必需品。一般来说，生活必需品的价格弹性较小，非必需品的价格弹性较大，生活必需品才能成为人们的刚性需求。

在所有的刚性需求里，最刚性的需求莫过于对粮食的消费。耕地的减少从根本上制约了粮食的进一步增产，一些国家对农业的投入较少使得粮食单产提高有限，粮食供给无法大幅度扩张。而发展中国家对粮食需求的增长，以及全世界对生物能源的持续需求，共同构成了未来对农产品的长期刚性需求。

世界上许多国家对盐都控制得很严。例如，美国采取的管理模式是协会和政府共同管理，政府负责盐开采的审批，制盐企业都必须在美国食品医药管理局进行登记，而美国盐业协会等行业协会和政府部门制定各种盐的技术指标，并有专门机构对不同用途的盐的指标进行监督检查。

这种对盐的严格控制，有很多种原因。但从经济学的角度来说，需求弹性是其中的一个主要因素。对于人们来说，不管食盐价格涨多高，都必须消费。如果国家放开对食盐的控制，导致食盐市场出现混乱，则对人们生活影响非常大。原盐就只有氯化钠一种，至少目前尚无其他物质可以替代。这是比较极端的"刚性需求"。

其实，每个人都有自己特定的"刚性需求"。例如，影碟并非生活必需品，按理来说价格弹性比较高，但有人爱电影如命，价格再高也照买不误，对他们来说，对影碟的消费就是他们的"刚性需求"。刚性需求也是不断变化的。又如，手机刚出现时，还属于"有钱人"的弹性需求。多年之后，手机已经成了"人人必需"的刚性商品。

·········极简经济学·········
供给价格弹性

供给价格弹性是衡量供给量对价格变动的反应程度。如果供给量对价格变动的反应很大，可以说这种物品的供给是富有弹性的；反之，供给是缺乏弹性的。供给价格弹性取决于卖者改变他们生产的物品产量的伸缩性。例如，海滩土地供给缺乏弹性是因为产品缺乏可复制性；相反，书、汽车这类制成品供给富有弹性。

26 过剩与短缺都是暂时的

均衡价格：任何一种商品价格的调整都会使该商品的供给与需求达到平衡

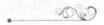

一个学生到服装店里去买衣服，问老板："这件衣服多少钱？"

老板："550元。"

学生："太贵了，我最多给250元。"

老板："250元多不好听啊，干脆我以进价卖给你，450元！"

学生："还是太贵了，300元怎么样？"

老板："300元太便宜了，要不咱们都让让，400元就成交。"

学生："350元给不给？不给我就走人。"

老板："等会儿、等会儿，350元就350元吧。这次绝对是亏本卖给你了。"

当然服装店老板是不会亏本的，在买卖双方的讨价还价过程中，350元成为双方都能接受的价格，于是一笔交易成功了。

均衡价格是指一种商品需求量与供给量相等时的价格，这时该商品的需求价格与供给价格相等。该商品的需求量与供给量相等称为均衡数量。均衡价格的形成就是价格决定的过程。需要强调的是，均衡价格的形成完全是在市场上供求双方的竞争过程中自发形成的，有外力干预的价格不是均衡价格。

在市场上，需求和供给对市场价格变化作出的反应是相反的。由于均衡是暂时的、相对的，而不均衡是经常的，所以供不应求或供过于求经常发生。

当供过于求时，市场价格下降，从而导致供给量减少而需求量增加；当供不应求时，市场价格会上升，从而导致供给量增加而需求量减少。供给与需求相互作用最终会使商品的需求量和供给量在某一价格水平上正好相等。这时既没有过剩（供过于求），也没有短缺（供不应求），市场正好均衡。这个价格就是供求双方都可以接受的均衡价格，市场也只有在这个价格水平上才能达到均衡。

当一个市场价格高于均衡价格时，商品的供给量将超过需求量，这样就会出现商品的过剩——在现行价格时卖者不能卖出他们想卖的所有物品，这种情况被称为超额供给。超额供给的反应是降低价格，而且价格要一直下降到市场达到均衡时为止。

同样，如果商品需求量将超过供给量，这样就会存在商品短缺——需求者不能按现行价格买到他们想买的一切，这种情况被称为超额需求。此时，可以作出的反应是提高自己的价格而不是失去销售量。随着价格上升，市场又一次向均衡变动。

因此，许多买者与卖者的活动自发地把市场价格推向均衡价格。一旦市场达到其均衡价格，所有买者和卖者都得到满足，也就不存在价格上升或下降的压力。不同市场达到均衡的快慢是不同的，这取决于价格调整的快慢。

但是，在大多数自由市场上，由于价格最终要变动到均衡水平，所以，过剩与短缺都只是暂时的。实际上，这种现象如此普遍存在，以至于有时被称为供求规律——任何一种商品价格的调整，都会使该商品的供给与需求达到平衡。

········極简经济学········
相对过剩与绝对过剩

　　过剩包括绝对过剩和相对过剩两种。绝对过剩是指商品的产量超过生活需求量的现象。相对过剩是指商品的产量低于生活需求量，但是超过市场需求量的现象。

27 全城唯一的补鞋匠杀人了，他该不该被处死

替代品与替代效应：越是难以替代的物品，价格越是高昂

2009年岁末，一场大范围降雪使得各地的青菜价格猛地涨了不少。细心的人会发现，青菜价格是涨了，但买的人也跟着少了。据卖菜的摊主说，虽然青菜价格涨势汹涌，但整体上还不如正常天气下卖菜赚得多。这是为什么？

随着鲜菜价格的大涨，精打细算的消费者们开始盯上了价格一向稳定的腌制蔬菜。"菜价涨得凶，只有腌菜价格没动。一年到头都可以吃到新鲜蔬菜，偶尔换换口味也不错。"很多消费者都这样想。于是，腌制的萝卜、雪菜、苋菜、梅干菜等都卖得不错，风头明显超过了平时颇受青睐的新鲜蔬菜。不过，随着天气转好，鲜菜价格回复平稳，鲜菜的销量也随之上升了，腌菜又重新回复"冷门"了。

这其实就是替代效应在发挥作用。替代效应是指由于一种商品价格变动而引起的商品的相对价格发生变动，从而导致消费者在保持效用不变的条件下，对商品需求量的改变，称为价格变动的替代效应。

比如，你在市场买水果，一看到橙子降价了，而橘子的价格没有变化，在降价的橙子面前，橘子好像变贵了，这样你往往会多买橙子而不买橘子。对于两种物品，如果一种物品价格的上升，引起另一种物品需求的增加，则这两种物品被称为替代品。

替代效应在生活中非常普遍。日常的生活用品大多是可以相互替代的。萝卜贵了多吃白菜，大米贵了多吃面条。

越是难以替代的物品，价格越高昂。例如，因为技术含量高的产品只有高技术才能完成，产品的技术含量越高价格就越高，替代性较低；而馒头几乎谁都会做，所以其价格极低。又如，艺术品价格高昂，就是因为艺术品是一种个性化极强的物品，找不到替代品。达芬奇的油画《蒙娜丽莎》价值连城，就是因为它只有一幅。

猪肉暴价了，就吃鸡肉，鸡肉贵了，就吃牛肉，牛肉贵了，就吃豆腐……在生活中，人们往往具有这样的智慧：当发现某种经常使用的消费品涨价后，往往会选择价格更为便宜的替代品。

在职场上，替代效应也在发挥作用。那些有技术、有才能的人在企业里是香饽饽，老板见了又是加薪，又是笑脸相迎，为什么？因为这个世界上有技术、有才能的人并不是很多，找一个能替代的人更是不容易。而普通员工，企业很容易从劳务市场上找到替代的人。中国是人力资源大国，你不愿意干，想干的人多得是。对于别人的薪金比自己高，不要吃惊和不平，只要使自己具有不可替代性，自己的待遇自然会提上来。

以色列有这样一则寓言：一天，克尔姆城里的补鞋匠把一个顾客杀了。于是，他被带上了法庭，法官宣判把他处以绞刑。判决宣布之后，一个市民站起来大声说："尊敬的法官，被你宣判死刑的是城里的补鞋匠！我们只有他这么一个补鞋匠，如果你把他绞死了，谁来为我们补鞋？"克尔姆城的市民这时也异口同声地呼吁。法官赞同地点了点头，重新进行了判决。"克尔姆的公民们，"他说，"你们说得对，由于我们只有一个补鞋匠，处死他对大家都不利。城里有两个盖房顶的，就让他们其中的一个替他去死吧！"

市民们为一个杀人犯苦苦求情，是因为他是城里不可替代的补鞋匠。但法官判决盖屋顶的人代替他去接受死刑，这又是多么的荒诞啊！

······极简经济学······
高薪法则

　　研究人力资源问题的专家，曾做过一项调查，希望探寻人们薪水和职位快速上涨的原因。在诸多原因中，专家们一致认为最重要的原因是：成为公司里不可替代的人。这就是高薪法则。高薪法则是替代效应在人才市场上的一种表现。

28 你买得起车，但是你有停车位吗？

互补品与互补效应：效用上互相补充的两种商品，价格也会相互影响

20世纪60年代初，柯达公司意欲开辟胶卷市场，可是他们并不急于动手，因为他们深知要使新开发的胶卷能在市场上脱颖而出，并非易事。于是，在1963年开发出大众化相机，并宣布其他厂家可以仿制，一时出现了自动相机热。相机的需求暴增，给胶卷带来广阔的市场，柯达公司乘机迅速推出胶卷，一时间胶卷畅销全球。

柯达公司采用发展互补品的办法，用相机的热销来拉动胶卷的市场。

所谓互补品，是指在效用上互相补充的两种商品。这两种商品必须结合起来共同使用才能满足消费者的需求，也可以把这种需求叫做联合需求，即一种商品的消费必须与另一种商品的消费相配套。

某种商品的互补品价格上升，将会因为互补品需求量的下降而导致该商品需求量的下降。汽油价格居高不下的时候，经常听到有人说："买得起车，用不起油啊。"因为使用汽车的同时必须要消费汽油，如果汽车价格比较低，还要考虑汽油的价格问题。从经济学的角度来说，汽车和汽油就是互补品的关系。

也就是说，两种商品必须互相配合，才能共同满足消费者的同一种需要，如照相机和胶卷。胶卷的需求量与照相机的价格有着密切关系，照相机价格上升，胶卷的需求量下降，两者呈现反方向变化。所以，如果X和Y是互补品，X的需求量就与Y的价格成反向变化。

如果一个产品与其互补产品都处在成熟的市场上，互补品所产生的互补效应恐怕不那么明显。对于洗衣者来说，洗衣机与洗衣粉是典型的互补产品。今天的消费者倾向于对两者的购买独立决策，他们对洗衣机与洗衣粉都有自己独立的品牌偏好。这时候，厂家推荐的A牌洗衣机与B牌洗衣粉组合的方案就不一定能奏效了。

如果在一个尚未发育成熟的市场中，对产品信息了解不多的消费者占了绝大多数。企业通过广告宣传等方式强化消费者对互补产品联系的主观感知，可能确立互补产品之间的战略重要性，微软推出的互补战略就是显证；反之，在一个拥有较充分产品信息的消费者占绝大多数的成熟市场中，互补产品之间的紧密联系则较难建立。

············极简经济学············
独立品

独立品是指一种产品的销售状况不受其他产品销售变化的影响。假设存在两种产品A和B，那么，A是独立品的情形会有两种：一是A和B完全独立，不存在任何销售方面的相关关系，日光灯与空调机之间的关系就属此类；二是A的销售增长可能会引起B的销售增长，而B的销售变化绝不会作用于A的销售状况。那么A相对B而言就是独立品。

29 互联网如何改变了世界零售业的格局

交易费用：一笔隐藏在交易背后的成本

生于1964年的美国青年贝佐斯，在1994年的一次上网冲浪中，偶然进入一个网站，看到了一个数字——2300%，互联网使用人数每年以这个速度在成长！

被惊呆了的贝佐斯决定通过互联网开始自己的创业生涯。他列出了20多种商品，然后逐项淘汰，精简为书籍和音乐制品，最后他选定了先卖书籍。

从一开始，亚马逊就面临来自传统图书零售巨人——巴诺连锁书店的竞争。即使不想与之争夺市场也不得不面对，因为巴诺书店决不允许一个凭空产生的、"虚幻生存"的对手夺取自己的市场。

在激烈的市场争夺战中，亚马逊的优势渐渐显出。首先，亚马逊是最便宜的书店之一，它天天都在打折，有高达30万种以上的书目可以进行优惠购买。

除了便宜，亚马逊还有它远远比传统书店更方便快捷的服务，更全的书目。在亚马逊网上购书，因为有强大的技术支持，一般三秒钟之内就可得到回应，大大节省了顾客的时间。相对于巴诺书店最多只能有25万种不同的书目，在网络上，亚马逊却可以拿出250万册的书目来。贝佐斯说：如果有机会把亚马逊所提供的目录以书面的方式印制出来的话，大概相当于7本纽约市电话簿的分量。

速度也同样表现在库存货物的更新上。亚马逊除了200册的畅销书外，几乎不存在库存。但即使是这个库存，亚马逊更新的频率更是让人吃惊。有数据显示，亚马逊每年更换库存达150次之多，而巴诺则不过3~4次。这个数据不仅表现了亚马逊的速度，也表现了它的销量。

贝佐斯是互联网上货真价实的革新者。亚马逊拥有3万个"委托机构"，这些"委托机构"在各自的网站上为亚马逊推出的书籍进行推荐工作。当上网的访客在它们的网站上以点选的方式购买推荐的书籍时，这些"关系机构"可以向亚马逊抽取15%的佣金。

同时，贝佐斯还协助定义了一个以购物网站为中心的互联网社区。这个社区的内容每天都会更新，同时还提供了"读者书评"和"续写小说"的服务，他是第一个在网络上采用这种方式的人，仅这两项小创新，至少为亚马逊增加了近40万名顾客。

上面这个真实的创业故事，从美国传到全世界，鼓励了无数创业者加入互联网创业的浪潮。在中国，马云创办了淘宝网，提出的口号是"让天下没有难做的生意"。

为什么亚马逊能够在价格大战中战胜传统的实体书店，为什么马云有底气说"让天下没有难做的生意"？

原因只有一个，即被称为"交易成本"的经济学概念存在于其中。

交易成本又称交易费用，是由诺贝尔经济学奖得主科斯提出。交易成本理论的根本论点在于对企业的本质加以解释。由于经济体系中企业的专业分工与市场价格机能之运作，产生了专业分工的现象；但是使用市场的价格机能的成本相对偏高，而形成企业机制，它是人类追求经济效益所形成的组织体。

以图书业为例，如果读者直接找到出版社去买书，那么读者要花时间联系、讨价还价，甚至上门取书，而出版社也需要设立一个专门的读者服务部处理这些事项。在这个交易过程中，读者和出版社双方都支付了额外的时间和人力——交易成本。

这时，出现了一家专门从事图书买卖的企业——巴诺书店，它负责从各家出版社采购图书，又吸引读者到书店来选书。这让出版社可以专门出版好书，而不必分心于销售，让读者可以从众多的图书中选择自己喜爱的，并且在地点上也很方便。从经济学上讲，是节约了交易费用，提高了经济效率。

然后，亚马逊携带着互联网技术出现了。它不用在各地寻找开书店的店址、不用支付房租、不用建设书库、没有图书代理商和批发商的中间加价，它可以按略高于出版社供货价的价格销售图书！和巴诺连锁书店等传统图书分销商相比，它的交易费用几乎可以忽略不计。

这就是亚马逊和淘宝崛起的秘密。

在现实生活中，由于交易成本泛指所有为促成交易发生而形成的成本，因此很难进行明确的界定与列举，不同的交易往往涉及不同种类的交易成本。

学术界一般认可交易费用分为广义交易费用和狭义交易费用两种。广义交易费用即为了冲破一切阻碍，达成交易所需要的有形及无形的成本。狭义交易费用是指市场交易费用，即外生交易费用，包括搜索费用，谈判费用以及履约费用。

在生活中，每个人为了实现自己的交易行为，都要以不同的形式支付交易成本。对于每个不同的人来说，其自身的交易成本是不同的。

在菜市场上可以看到不少老太太与小商贩为几毛钱的菜价而讨价还价。这是因为，老太太已经退休，她用来讨价还价的时间并不能作他用，如果能买到便宜的蔬菜，就是降低自己的生活成本了。但是如果放到年轻人身上，贵几毛钱就贵几毛钱吧，有讨价还价的时间还不如抓紧时间多挣钱。

··········**极简经济学**··········
交易成本经济学

交易成本经济学是融法学、经济学和组织学为一体的、新颖的边缘学科。它认为，市场运行及资源配置有效与否，关键取决于两个因素：一是交易的自由度大小；二是交易成本的高低。

30 养狗的人，为何会被邻居讨厌

外部性：任何一种经济活动都会对外部产生影响

　　某人养了一只狗，这只狗夜里在社区巡逻，一旦发现有陌生人进入社区，就发出叫声提醒人们注意。因此这个社区从未发生不安全事故。

　　另外一个人也养了一只狗。这只狗喜欢每天夜里不停地叫。狗主人由于习惯于夜生活，所以并不会对此感到困扰。可是他的邻居习惯早睡，每天就会被狗的叫声弄得失眠，于是不得不花钱买安眠药。

　　在第一个例子中，狗主人养的狗，给邻居带来了福利，经济学称之为正外部性。在第二个例子中，这只狗对邻居的福利造成了损害，经济学称之为负外部性。

　　由此可见，无论是一个人还是一件事都会对其他的个体产生重大的影响。这种影响在经济领域尤为明显。任何一种经济活动都会对外部产生影响，比如说，汽车运输必然会产生废气污染环境，而植树造林发展林业就会形成改善环境的结果。这就是经济的外部性。

　　外部性效应又称为溢出效应、外部影响或外差效应，是指一个人或一群人的行动和决策对另一个人或一群人强加了成本或赋予利益，对旁观者造成了损失或者福利的情况。这种影响并不是在有关各方以价格为基础的交换中发生的，因此其影响是外在的。

如果给旁观者带来的是福利损失（成本），可称之为负外部性；反之，如果给旁观者带来的是福利增加（收益），则称之为正外部性。全体社会成员都可以无偿享受的公共物品，可以说是正外部性的特例。

经济生活中的外部性是广泛存在的。如生产中养蜂人放蜂使果农收入增加，企业的技术发明被其他企业无偿使用等，都会产生正外部性；而化工厂向江河排放污水就会有负外部性。私人消费也会产生外部性，如吸烟、开车都会造成对空气的污染、半夜放音乐给邻居带来的噪声等，都产生负外部性。

外部性可以分为外部经济与外部不经济两种。所谓外部经济，就是某人或某企业的经济活动会给社会上其他成员带来好处，但该人或者该企业却不能由此得到补偿。所谓外部不经济，就是某人或者某企业的经济活动会给社会上其他人带来损害，但该人或该企业却不必为这种损害进行补偿。

············ 极简经济学 ············

科斯定理

科斯定理是以提出这个定理的经济学家罗纳德·科斯的名字命名的。根据科斯定理，如果私人各方可以无成本地就资源配置进行协商——交易费用为零，那么私人市场总能解决外部性问题，并有效地配置资源。

# 31 提高效率的时候，
你有没有想到会损害公平

帕累托最优：让一部分人变富的同时不让另一部分人变穷

　　球迷们去体育场观看一场精彩的足球比赛，球场能坐 50 000 人。假如在比赛开场前，坐到了49 000人，那么，体育场在此时还没有处在"帕累托最优"的状态，因为如果再进入1000名球迷，他们也可以看到比赛，即"他们的处境会变得更好"，这个增加球迷的过程就是"帕累托改进"。

　　但是如果已经坐满了50 000人，如果再进入1000名甚至更多的球迷，这些新增加的球迷可能会因为看到球赛而使"自己的处境变好"，但对于那原有的50 000名观众来说，处境却会变差，原因很简单，超过规定人数，安全性就受到损害了。

　　帕累托最优是指资源分配的一种状态，在这种状态下不可能再使某些人的处境变得更好。50 000人的满额容量就是体育场的帕累托最优状态。但是一旦达到了这种理想状态，想要使某些人的处境变好，就必定要使另外某个人的境况变坏。换句话就是，你的得到是以他人的失去为代价的。再以上面的案例加以说明，在体育场已经容纳50 000人后，为了让更多的人看

到足球比赛，又有1000名球迷被允许进入，虽然这特许进入的1000名球迷因此看到了比赛，这种机会却是以另外50 000人的安全作为代价获得的。

　　根据帕累托的说法，如果社会资源的配置已经达到任何调整都不可能在不使其他人境况变坏的情况下，使任何一个人情况变得更好，那么，这种资源配置的状况就是最佳的，是最有效率的。如果没有达到这种状态，即任何重新调整而使某人境况变好，而不使其他任何一个人情况变坏，那么说明这种资源配置的状况不是最佳的，是缺乏效率的。

　　帕累托改进的核心在于，它能在不使任何人境况变坏的情况下，改进人们的处境。事实上，帕累托改进只有在理想条件下才能实现。有时候，人们提出的即便是一个微小的改进方案，实现起来都是异常困难的。

　　航空公司总是希望上座率越多越好，然而他们也知道肯定会有部分旅客常常定了机票却会临时取消航程，于是航空公司尝试超额售票制度，希望能够提高公司的运营效率。他们的做法是，在一个合理估计的基础上，让售票量大于航班实际座位数。但这样的改进措施会带来一个问题，如果办理登记手续的乘客多于座位数，那么就必须确定究竟取消谁的座位。

　　理论上说，这并不是一个帕累托改进，可是航空公司还是愿意通过补偿的方式进行改进，因为如果飞机被迫带着空座位飞行，而恰巧急于出发的旅客也愿意购买这样的座位，结果航空公司和急于出发的旅客都能受益。

　　航空公司首先尝试了最简单的做法，仅仅取消最后到达机场的乘客，安排他们乘坐后面的班机，那些倒霉的乘客也不会因航程取消而获得补偿，但这样的做法很快带来了一个副产品，登机的过程演变成令人紧张的"登机比赛"，人人都担心会被取消航程。

　　韩国经济学家郑甲泳就亲身经历过这样一个例子，当他准备从洛杉矶机场飞往芝加哥时，由于办理登机手续的人数超过预约登记的人数，郑甲泳只能改签下一班飞机，此时机场的广播为我们揭晓了答案："各位旅客，很遗憾实际登机人数超出了预约登机人数，请几位乘客转到下一趟班机，如果您能转乘两个小时后起飞的班机，我们将给予80美元的补偿，如果您能转乘今晚起飞的班机，我们将给予150美元的补偿……"这里，乘客排队的时间可以用美元来衡量了。

经济学家们又进一步提出了改进方案。1968年，美国经济学家尤利安·西蒙提出了一个"超额售票术"的方案，航空公司需要改进的地方在于，在售票的同时交给顾客一个信封和一份投标书，让顾客填写他们能够接受的最低赔款金额，这样一旦出现超载，公司可以选择其中数目最低的旅客给予现金补偿，并优先给予下一班飞机的机票。实际上，这个方案的确有助于帕累托改进，那些对于时间要求不高的乘客得到了补偿，而航空公司也乐于接受这样的安排，他们能够实现飞机满员飞行。尽管费尽周折，但社会效率总算得到了改善。

可有的时候，帕累托改进根本无法进行，比如下面的水桶问题：

在我们的日常生活中，配置资源最常用的一种方式就是人们排队等候，也就是先到先得，这种排队方式在我们周围随处可见。让我们想象这样一种情形，几个人拎着水桶在一个水龙头前面排队打水，水桶有大有小，他们怎样排队，才能使得总的排队时间最短？

几乎不用思考，常识就告诉了我们，大桶接水的时间较长，小桶接水的时间较短，因此排队打水的最优方案是：人们按照水桶的大小，从小到大排队。这样安排，花在排队上面的总时间将最短。

因为目标是节省总的排队成本时间，因此我们认为这样的方案能够达到最优。可你觉得这样的方案能实现吗？让大桶者换到后面去，虽然许多人能从中获益，但是大桶者本人排队的时间变长了，尽管这样的改进能够使全体总的排队时间缩短，并且即使大桶者也明白这个道理，可是以个人的损失带来集体的有效率，这样的做法不满足帕累托最优，况且也是无法实现的。

　　这样的做法在提高效率的时候却忽略了公平，因为它与我们熟悉的"先到先得"的原则相冲突。况且在理性人的前提下，尽管总体效率会改善，但是有人会受到损失，因此这样的帕累托改进是无法实现的。

··········极简经济学··········
帕累托效率准则

　　意大利经济学家帕累托曾针对资源的最佳配置提出了帕累托效率准则：经济的效率体现于配置社会资源以改善人们的境况，主要看资源是否已经被充分利用，如果资源已经被充分利用，要想再改善就必须损害别人的利益。

32 危机可能迟到，但永不会缺席

市场失灵：源于市场机制配置资源的缺陷

1929年，西方国家经历了其发展历史上最为严重的一次经济危机，史称大危机。大危机对于当时的整个资本主义世界产生了巨大的破坏作用，具体表现如下：

第一，工业生产和国内生产大幅萎缩。大危机使得工业生产受到重创，工业生产总量和GDP在4年内大幅下降。

第二，大量劳动力失业。据统计，在大危机期间，整个资本主义国家的失业人口比例达到了惊人的程度。英国1933年的失业人数为275万，失业率达到22.5%，美国失业率达到占劳动力25%的最高峰，相当于1400万人流落街头。

第三，投资与金融市场崩溃。1933年，美国的住宅建筑和住房修理的总支出额仅为1928年的10%，金融市场尤其是股票市场几乎在一夜之间化为乌有。1929年10月，美国股票市场发生股灾，股市市值下降80%。

第四，居民生活水平直线下降。以美国为例，大危机使得美国平民的生活水平倒退了整整20年。

市场失灵是指市场无法有效率地分配商品和劳务的情况。对经济学家而言，这个词汇通常用于无效率状况特别重大时，或非市场机构较有效率且创造财富的能力较私人选择为佳时。此外，市场失灵也通常被用于描述市场力量无法满足公共利益的状况。

正如一句话所言，没有市场万万不能，但市场也不是万能的。自由市场是完全依靠价格这只"看不见的手"来实现供求平衡的，当价格在调节市场的过程中失效时，就会导致产品的价格背离价值，从而破坏市场的价格机制，造成市场失灵。因市场机制配置资源的缺陷而造成市场失灵，具体表现在下列方面。

1. 收入与财富分配不公

资本拥有越多，在竞争中越有利，效率提高的可能性也越大，收入与财富也越向资本与效率集中。

2. 外部负效应问题

外部负效应是指某一主体在生产和消费的过程中，对其他主体造成的损害。

3. 竞争失败和市场垄断的形成

一般来说，竞争是在同一市场中的同类产品或可替代产品之间展开的。但一方面，由于分工的发展使产品之间的差异不断拉大，资本规模扩大和交易成本增加，阻碍了资本的自由转移和自由竞争。另一方面，由于市场垄断的出现，减弱了竞争的程度，使竞争的作用下降。一旦企业获利依赖于垄断地位，竞争与技术的进步就会受到抑制。

4. 失业问题

失业的存在不仅对社会与经济的稳定不利，也不符合资本追求日益扩张的市场与消费的需要。

5. 区域经济不协调问题

市场机制的作用只会扩大地区之间的不平衡现象，而对一些经济条件优越、发展起点较高的地区的发展更加有利。那些落后地区也会因经济发展所必需的优质要素资源的流失而越发落后，区域经济差距会拉大。

6. 公共产品供给不足

从本质上讲，生产公共产品与市场机制的作用是矛盾的，生产者是不会主动生产公共产品的。而公共产品是全社会成员必须消费的产品，它的满足状况也反映了一个国家的福利水平。这样一来，公共产品生产的滞后与社会成员与经济发展需要之间的矛盾就十分尖锐。

7. 公共资源的过度使用

有些生产主要依赖于公共资源，如渔民捕鱼、牧民放牧以江河湖泊草地这些公共资源为主要对象，这类资源既在技术上难以划分归属，又在使用中不宜明晰归属。正因为这样，由于生产者受市场机制追求最大化利润的驱使，往往会对这些公共资源出现掠夺式使用，而不能让资源得以休养生息。

由于市场失灵的存在，要优化资源配置，必须由政府进行干预。正因为市场会失灵，才需要政府的干预或调节。将市场规律和政府调控相结合，才能有效遏制市场失灵现象。

········· 极简经济学 ·········
价格机制

在以纯粹竞争为特点的完全竞争的市场条件下，通过市场价格就可以自动调节供给和需求，实现市场均衡。完全竞争市场中的这种自动调节机制，就称为价格机制或市场机制。

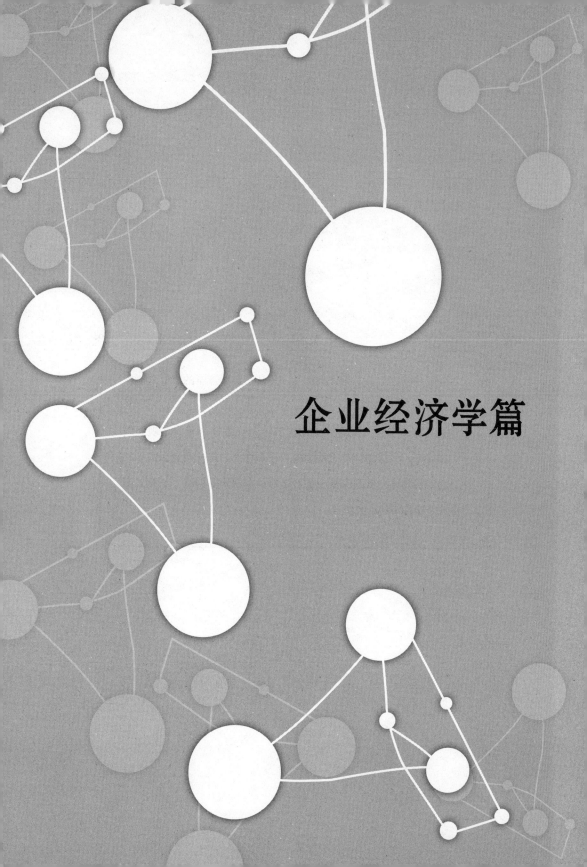

企业经济学篇

企业经济学，又叫管理经济学，是从古典经济学的厂商理论发展起来的一个经济学分支。

　　微观经济学主要研究个人的经济行为和理性决策，宏观经济学主要研究一个经济体的宏观调控和福利增进。与此两者相区别的是，企业经济学主要研究企业的经济行为和决策，因此，也有人把企业经济学称为中观经济学。

33 为了发现王子，你必须和无数个青蛙接吻

企业家才能：当代社会最稀缺的生产要素

在一次世界珠宝拍卖会上，有一颗名为"月光爱人"的钻石吸引了顾客的眼球。它晶莹剔透、光彩夺目，最后卖出了8000万元的天价。这颗钻石是谁生产的呢？很多人都在抢功劳。这颗钻石是由梦幻珠宝公司在位于南非的一座矿山中挖掘出来的。

梦幻公司的老板托尼扬扬得意地说："我当初决定购买这座矿山开采权的时候，就觉得这里面一定有宝藏，现在果然应验了。"

挖掘队队长鲍勃不服气了，说："为了挖到这颗钻石，我和同事们付出了艰辛的劳动。我们夜以继日地工作，几乎找遍了矿山的每个角落，好不容易才发现了它。"

向梦幻公司提供挖掘设备的厂商却说："我们公司的机器设备是世界一流的，如果没有我们提供的挖掘机，他们不可能在50米深的矿井中挖到这颗钻石。"

最后，南非政府的官员说："只有在我们国家的土地上才能找到如此珍贵的钻石。在我们的国土下面还埋藏着数不尽的矿藏资源，欢迎各国企业家来投资开采。"

在这个故事中，大家都认为自己对生产钻石的功劳最大，其实离开了哪一方都不能成功，他们都是生产要素的提供者。

生产要素是指维系国民经济运行及市场主体产生经营过程中必须具备的基本因素。现代西方经济学认为生产要素包括劳动、土地、资本、企业家才能四种。

生产要素的提供者理所当然地获得相应的报酬：提供劳动的获得工资，提供资本的获得利息，提供土地的获得地租，提供企业家才能的获得利润。

1. 劳动的价格——工资

劳动的需求取决于最后增加的工人所增加的收益，即边际收益。劳动的供给取决于劳动的成本，它包括实际成本与心理成本。

2. 资本的价格——利息

利息是货币所有者放弃现期消费把货币转化为资本所得到的报酬。利息取决于资本的供给与需求。

3. 土地的价格——地租

土地对任何商业活动都是最基本的生产要素。土地的基本特征是，数量固定，对价格完全缺乏弹性。为在一定时期内使用土地而支付的价格称为土地的租金。地租由土地的需求与供给决定。

4. 企业家才能的价格——利润

利润分为正常利润和超额利润，正常利润是企业家才能的价格，超额利润是超过正常利润的那部分利润，它来源于创新、风险或垄断。

在18世纪经济学家的观念里，只承认劳动和土地这两种生产要素，认为"土地是财富之母，劳动是财富之父"。后来的人们才逐渐承认资本和企业家才能这两种生产要素。

到了20世纪后半叶，高新技术的发展，越来越依赖于人的才能和创新，企业家才能成为全社会最重视也最稀缺的生产要素。

世界著名的管理咨询公司埃森哲，曾在26个国家和地区与几十万名企业家交谈。其中79%的企业领导认为，企业家精神对于企业的成功非常重要。全球最大的科技顾问公司Accenture的研究报告也指出，在全球高级主管心目中，企业家精神是组织健康长寿的基因和要穴。正是企业家精神造就了二战后日本经济的奇迹，引发了20余年美国新经济的兴起。那么，到底什么是真正的企业家精神呢？

1. 创新是企业家精神的灵魂

熊彼特提出企业家是从事"创造性破坏"的创新者观点，凸显了企业家精神的实质和特征。一个企业最大的隐患，就是创新精神的消亡。一个企业，要么增值，要么就是在人力资源上报废，创新必须成为企业家的本能。但创新不是"天才的闪烁"，而是企业家艰苦工作的结果。创新是企业家活动的典型特征，从产品创新到技术创新、市场创新、组织形式创新等等。创新精神的实质是"做不同的事，而不是将已经做过的事做得更好一些"。所以，具有创新精神的企业家更像一名充满激情的艺术家。

2. 冒险是企业家精神的天性

坎迪隆和奈特两位经济学家，将企业家精神与风险（risk）或不确定性联系在一起。没有甘冒风险和承担风险的魄力，就不可能成为企业家。企业创新风险是二进制的，要么成功，要么失败，只能对冲不能交易，企业家没有别的第三条道路。

在美国3M公司有一个很有价值的口号："为了发现王子，你必须和无数个青蛙接吻"。"接吻青蛙"常常意味着冒险与失败，但是"如果你不想犯错误，那么什么也别干"。同样，对1939年在美国硅谷成立的惠普、1946年在日本东京成立的索尼、1976年在台湾成立的Acer、1984年分别在中国北京、青岛成立的联想和海尔等众多企业而言，虽然这些企业创始人的生长环境、成长背景和创业机缘各不相同，但无一例外都是在条件极不成熟和外部环境极不明晰的情况下，他们敢为人先，第一个跳出来吃螃蟹。

3. 合作是企业家精神的精华

正如艾伯特·赫希曼所言：企业家在重大决策中实行集体行为而非个人行为。尽管伟大的企业家表面上常常是一个人的表演，但真正的企业家其实是擅长合作的，而且这种合作精神需要扩展到企业的每个员工。企业家既不可能也没有必要成为一个超人，但企业家应努力成为蜘蛛人，要有非常强的"结网"能力和意识。西门子是一个例证，这家公司秉承员工为"企业内部的企业家"的理念，开发员工的潜质。在这个过程中，经理人充当教练角色，让员工进行合作，并为其合理的目标定位实施引导，同时给予足够的施展空间，并及时予以鼓励。西门子公司因此获得令人羡慕的产品创新记录和成长记录。

4. 敬业是企业家精神的动力

马克斯·韦伯在《新教伦理与资本主义精神》中写到："这种需要人们不停地工作的事业，成为他们生活中不可或缺的组成部分。事实上，这是唯一可能的动机。但与此同时，从个人幸福的观点来看，它表述了这类生活是如此的不合理：在生活中，一个人为了他的事业才生存，而不是为了他的生存才经营事业。"货币只是成功的标志之一，对事业的忠诚和责任，才是企业家的"顶峰体验"和不竭动力。

5. 学习是企业家精神的关键

彼得·圣吉在其名著《第五项修炼》说到："真正的学习，涉及人之所以为人此一意义的核心"。学习与智商相辅相成，以系统思考的角度来看，从企业家到整个企业必须是持续学习、全员学习、团队学习和终生学习。日本企业的学习精神尤为可贵，他们向爱德华兹·戴明学习质量和品牌管理；向约琴夫·M·朱兰学习组织生产；向彼得·德鲁克学习市场营销及管理。同样，美国企业也在虚心学习，企业流程再造和扁平化组织，正是学习日本的团队精神结出的硕果。

6. 执著是企业家精神的本色

英特尔总裁葛洛夫有句名言："只有偏执狂才能生存"。这意味着在遵循摩尔定律的信息时代，只有坚持不懈持续不断地创新，以夸父追日般的执着，咬定青山不放松，才可能稳操胜券。在发生经济危机时，资本家可以用脚投票，变卖股票退出企业，劳动者亦可以退出企业，然而企业家却是唯一不能退出企业的人。

7. 诚信是企业家精神的基石

诚信是企业家的立身之本，企业家在修炼领导艺术的所有原则中，诚信是绝对不能摒弃的原则。市场经济是法制经济，更是信用经济、诚信经济。没有诚信的商业社会，将充满极大的道德风险，显著抬高交易成本，造成社会资源的巨大浪费。其实，凡勃伦在其名著《企业论》中早就指出：有远见的企业家非常重视包括诚信在内的商誉。诺贝尔经济学奖得主弗利曼更是明确指出："企业家只有一个责任，就是在符合游戏规则的前提下，运用生产资源从事利润的活动。亦即须从事公开和自由的竞争，不能有欺瞒和诈欺。"

8. 做一个服务者也是一个企业家应有的精神

我们每个人都是服务者，中国长松咨询公司的贾长松总裁曾说过："头顶着天，脸贴着地"这就是真真切切地告诉我们每个人，要服务好你的每一个客户。"如果你不好好服务你的客户，别人会愿意代劳"。

·········· 极简经济学 ··········
企业家精神与企业所有权的关系

　　企业家精神与所有权相关吗？答案是不一定。老板和经理人、员工都可能有企业家精神，也有可能都没有。20世纪的美国汽车业巨子艾柯卡先后在福特和克莱斯勒担任总经理，展现了其举世无双的企业家才能，但他不是老板。而且在管理学家明茨伯格的管理者角色理论中，他认为企业家是所有管理者都应该扮演的角色。

§34 美国现代工业的结构雏形是怎样形成的？

兼并重组：通过生产要素重组提高生产率

当今世界航空制造业排行第一的美国波音公司有过多次兼并其他企业的案例，其中最著名的就是兼并美国麦道公司。在1996年，麦道公司在航空制造业排行世界第三，仅次于波音公司和欧洲的空中客车公司。

1996年，波音公司以130亿美元的巨资兼并麦道公司，使得世界航空制造业由原来波音、麦道和空中客车三家公司共同垄断的局面，变为波音公司和空中客车公司两家之间的超级竞争。新的波音公司在资源、研究与开发等方面的实力急剧膨胀，其资产总额达500多亿美元，员工总数达20万人，成为世界上最大的民用和军用飞机制造企业。这对空中客车公司构成了极为严重的威胁，以致两家公司发生了激烈的争执。

在经过艰苦的协商、谈判后，波音公司最终被迫放弃了已经和美国几十家航空公司签订的垄断性供货合同，以换取欧洲人对这一超级兼并的认可。但是不管怎样，前无古人的空中"巨无霸"由此诞生，并对世界航空业产生了巨大影响。

　　企业兼并在当今已经屡见不鲜。当优势企业兼并了劣势企业，后者的资源便可以向前者集中，这样一来就会提高资源的利用率，优化产业结构，进而显著提高企业规模、经济效益和市场竞争力。

　　对于一个国家而言，企业兼并有利于其调整产业结构，在宏观上提高资源的利用效率。对兼并的研究，一直是经济学家的重点课题。企业兼并是企业经营管理体制改革的重大进展，对促进企业加强经营管理，提高经济效益，有效配置社会资源等具有重要意义。

　　在当今世界上，任何一个发达国家在其经济发展过程中，都经历过多次企业兼并的浪潮。以美国为例，美国历史上共出现过五次并购高峰，人们常称之为五次并购浪潮。前四次并购浪潮的区间为1897—1904年、1916—1929年、1965—1969年和1984—1989年，第五次浪潮的区间大体上为20世纪90年代的1991—2000年。各个并购高峰都有不同的特征，其中第一次兼并浪潮便充分发挥了优化资源配置，在微观和宏观"双管齐下"的巨大威力下，不仅企业走上了腾飞之路，更塑造了美国现代工业的结构雏形。

　　美国的第一次并购浪潮从1897年开始，到1904年结束，共经历了8年。这8年间，共发生了2943起并购，平均每年368起。这一时期的美国并购浪潮经历了一个由低到高，又由高到低的过程，在1898—1902年间并购的数量达到了高峰。

　　第一次并购浪潮几乎涉及了美国的所有行业，但是，经历了最多并购的是金属、食品、石化产品、化工、交通设备、金属制造产品、机械、煤碳等八个行业，这些行业的并购约占该时期所有并购的三分之二。

　　第一次并购浪潮的最主要特征是同行业之间的并购，即横向并购。在此间的全部并购中有78.3%的并购为横向并购，12%的并购为纵向并购，其余9.7%的并购为混合并购。横向并购的结果是垄断的形成。

　　美国许多垄断巨头是在这一时期通过大规模并购获得垄断地位的。譬如，J.P.摩根创建的美国钢铁公司收购了安德鲁·卡内基创办的卡内基钢铁公司以及其他784家独立公司，最后形成钢铁巨人——美国钢铁集团，它的产量曾一度占美国钢铁行业生产总量的75%。

另外，今日仍然作为巨型跨国公司活跃在世界市场的杜邦公司、标准石油、通用电器、柯达公司、全美烟草公司以及国际收割机公司等等都是在第一次并购浪潮结束时就已在业界领先。

第一次并购浪潮彻底改变了美国的经济结构，3000家公司的消失，使一些大公司控制了美国许多产品的生产。美国烟草公司当时已占有90%的市场份额，洛克菲勒的标准石油公司当时占有美国市场份额的85%，它仅通过三个炼油厂就控制了世界石油产量的40%。

美国经济史学家拉穆鲁统计，在当时有72家大公司分别控制了各自市场份额的40%，42家大公司至少控制了市场的70%，尽管许多大公司很快失去了支配地位，但包括美国钢铁公司、杜邦公司、国际收割机公司等大公司在50年后仍位于美国100家最大公司之列。

企业规模扩大也对管理能力提出更高的要求，并促进管理进一步向专业化发展。第一次并购浪潮结束时，美国工业的集中程度显著提高。一些行业的公司数量急剧下降，有些行业甚至只有一家公司幸存。

从公司资本的规模看，在第一次并购浪潮过后，美国工业企业的平均规模有了迅速的提高。到1904年第一次并购浪潮结束的时候，美国拥有资产额在一亿美元以上的大型公司和工业企业有10家，公用事业企业有11家。最大的六家铁路公司的资产额均在10亿美元以上。

这些大公司占有很高的市场比率，在第一次并购浪潮中，美国许多行业的垄断情况达到了历史高峰。譬如，美国烟草公司占据了88.9%的市场份额，美国制罐公司占据了85%的市场份额，美国钢铁公司占据了61.1%的市场份额，可以说，这几个行业达到了很高的垄断程度。

由于兼并涉及两家以上企业的合组，其操作将是一个非常复杂的系统工程。成功的企业兼并要符合这样几个基本原则：合法、合理、可操作性强、产业导向正确和产品具有竞争能力；同时，企业兼并还要处理好"沟通"环节，包括企业之间技术的沟通和人与人的交流。只有这样，才能使企业兼并发挥它的优势，否则将会适得其反，在未能达到兼并目的的同时反受其害。

研究显示，企业兼并重组的主要形式包括以下5种。

1. 承担债务式：兼并方承担被兼并方的全部债权债务，接收被兼并方的全部资产，安置被兼并方全部职工，从而成为被兼并企业的出资者。

2. 出资购买式：兼并方出资购买被兼并方的全部资产。

3. 控股式：兼并方通过收购或资产转换等方式，取得被兼并企业的控股权。

4. 授权经营式：被兼并方的出资者将被兼并企业全部资产授权给兼并方经营。

5. 合并式：两个或两个以上企业通过签订协议实现合并，组成一个新的企业。

·········· 极 简 经 济 学 ··········
横向兼并、纵向兼并与混合兼并

根据企业与兼并对象在产业链中上下游关系，可以把兼并分为三种：（1）横向兼并，指兼并对象与企业处于相同的产业链位置，即兼并自己的同业同行；（2）纵向兼并，指兼并对象是处于企业的产业上游或者产业下游；（3）混合兼并，指兼并对象众多，既有位于产业上下游的，也有同业同行。

§35 生意不赚钱，
为何也有坚持下去的理由

固定成本与可变成本：企业短期决策不能只看财务数据

　　安迪正经营着一家炸鸡店，每块炸鸡的平均成本是3美元。若售价是每块5美元，每块炸鸡可以赚2美元。若售价是每块3美元，则不赔不赚，收支相抵。虽然利润是零，但依旧可以继续经营。

　　不久，安迪的炸鸡店旁边新开了一家烤鸡店，原先的顾客被分去不少。由于烤鸡店规模较大，开业之际就大搞优惠活动。为了应对竞争，安迪只得在烤鸡店开业优惠期间，把每块炸鸡的售价降到2.5美元。可这样一来，安迪每卖一块炸鸡就要赔0.5美元。在这种情况下，他还要继续经营下去吗？

　　如果想解决安迪的问题，必须分析成本与收益。收益非常简单，就是售价乘以售出的炸鸡块。可是，还要仔细分析一下成本。成本就是投入的生产要素量乘以价格。在短期内，投入的生产要素分成固定投入（比如机器设备）和可变投入（比如劳动）。

　　所谓固定成本，就是指在短期内固定不变的成本，又称不变成本。基于安迪的炸鸡店情况，就算一块鸡都不炸，短期内他的店面无法退租，设备不能转卖，租金与设备的折旧费依旧要支出。但是若生意转好，或者烤鸡店关门，那么产量就可以增加，一天炸了几百块，该成本也依旧不会增加。而平均固定成本会随着产量的增加而不断减少。

可变成本是指在短期内可以随产量的变动而发生变动的成本，当没有产量时就无可变成本，当产量增加时它也就会随之增加。因此，在做短期决策时，不必考虑固定成本或者平均固定成本，仅仅需要考虑可变成本和平均可变成本。

在上面的案例中，假设在正常情况下，每月炸10 000块鸡，总成本是30 000美元，其中18 000美元是固定成本，12 000美元是可变成本，那么每块鸡的平均固定成本是1.8美元，平均可变成本是1.2美元。在做决策时，固定成本可以不用考虑，只要能够弥补可变成本便可坚持经营。

因此，短期内继续营业的条件为：

可变成本＝总收益＝产量×价格

对于每块炸鸡来说，此条件可以写成：

平均可变成本＝价格

这一条件也叫停止营业点，也就是说，在此时是否经营结果都相同，经营时支出的平均可变成本（1.2美元）得以弥补，可是固定成本的损失并没有减少。若不经营，可变成本不必支出，固定成本的损失依旧一样。在这个停止的营业点上，即价格高于平均可变成本时，必须经营，这时因为高于平均可变成本的价格那部分可以弥补固定成本。

当价格是2.5美元，平均可变成本是1.2美元时，每出售一块炸鸡就可以得到1.3美元，用来弥补平均固定成本。如此，平均固定成本的损失就从1.8美元减至0.5美元，当然是有好处的。

此时，利润最大化的原则就变成亏损最小化原则。若价格低于平均可变成本，则不管怎样都不能继续经营。

其实在很多行业中都存在这样的情况。比如在一些旅游城市的服务行业，每到旅游淡季，一些高级饭店和旅游景点的生意就很清淡，游人很少。即使这样，饭店和景点仍然在开门营业，这个时段赚钱不多甚至会亏本，这是因为饭店和景点的成本主要是固定成本，如租房费用，它已经支出了，如果关门歇业的话，放着也是放着，照样会折旧，不如继续开门营业，只要收入能支付可变成本就行。

可变成本与平均可变成本的区别

　　可变成本随着产量的增加而不断增加，而平均可变成本却和它不一样。当产量开始增加时，平均可变成本反而减少；等达到某一种产量时，平均可变成本达到最小——规模经济效应；之后，当产量再增加时，平均可变成本就又增加了——规模不经济效应。

§36 企业一味追求大规模，未必就能实现高效益

规模经济与规模不经济：与长期平均成本的下降和上升有关

假设某啤酒厂月产5万吨啤酒，耗用资本为50个单位，耗用劳动为50个单位。现在扩大了生产规模，使用100个单位的资本和100个单位的劳动(生产规模扩大一倍)。由此所带来的收益变化可能有如下三种情形：

1. 产量大于10吨，产量增加比例大于生产要素增加比例，这叫做规模报酬递增。

2. 产量等于10吨，产量增加比例等于生产要素增加比例，这叫做规模报酬不变。

3. 产量小于10吨，产量增加比例小于生产要素增加比例，这叫做规模报酬递减。

通过上述分析，我们看到随着生产规模的变化，企业的规模报酬也在发生变化。使得规模报酬变化的原因，在经济学上，称作"规模经济"。

规模经济又称"规模利益"，指在一定科技水平下，随着生产能力的扩大，使长期平均成本下降的趋势。反之，如果产出水平的扩大或者生产规模的扩大而引起的产品平均成本的升高，则将其称作"规模不经济"。

　　规模扩大，为什么很有可能出现规模报酬递增呢？原因主要有以下几个。

　　第一，大规模生产有助于更好地实现"专业化分工协作"。亚当·斯密在《国富论》中指出："劳动生产上最大的增进，以及运用劳动时所表现的更大的熟练、技巧和判断力，似乎都是分工的结果。"亚当·斯密以制针工场为例，一个受过专业训练的人，一天下来也只能做一个大头针，但是如果将生产划分为18道工序，每人只承担一道工序，平均算下来，大头针的人均日产量竟然可以达到4800个。

　　这已经很形象地说明规模经济的显著效果：分工提高了每个工人的劳动技巧和熟练程度，节约了由变换工作而浪费的时间，并且有利于机器的发明和应用。

　　第二，能够实现产品统一和标准化生产。现在的企业由于生产的产品量非常大，比如一家大型的汽车生产商，一年能生产出几十万台车，独立地去生产每一台车，那是很麻烦的，但是能生产出统一规格的零部件，拿来组装成一台车，岂不是很容易的事，同时有的车辆在使用的过程中会出现不同的问题，在维修时只要将坏的零部件换成新的就好了，这样节约了很多成本。在标准化生产的基础上也逐渐出现了流水线作业。

　　第三，通过大量购入原材料，使单位购入成本下降。企业在生产时要购买原材料，企业一旦实行了规模生产，就需要购买大量的原材料，这样就会使企业在购买原料时处于优势地位，同时价格自然就降低了，这样就使生产成本降低了许多。

　　第四，有利于新产品开发，从而增加竞争力。在规模生产进行当中，各个部门不再负责整个产品，他们负责的可能只是其中的一小部分，这样就使他们更加专业化，对部件的了解程度加强了，从而能够更好地改进和创新。同时规模经济形成之后就会有足够的资金投入新产品的研发当中，大型的生产企业都有自己的设计创新团队。这让企业的产品在市场上具备了各种优势，使得企业的产品吸引了更多人的眼球，从无形当中提升了企业的竞争力。

当然，企业一味追求大规模，未必就能实现高效益。各种生产要素的利润贡献能力都是有一定极限的，当生产规模达到一定程度后，就不太可能还要追求规模经济的优势。此时的企业生产就是一种"规模不经济"的状态。造成规模不经济的原因主要是：

第一，管理的低效率。由于厂商规模过大，信息传递费用增加，信息失真，滋生官僚主义，带来了成本的增加，出现规模不经济。

第二，外部环境的变化。行业扩张引起的企业外界环境的恶化，如要素价格的上升、销售市场行情的下跌、竞争对手的剧烈反抗等，都会带来成本的增加，出现规模不经济。

·········极简经济学·········
成本领先战略

成本领先战略也称为低成本战略，是指企业通过有效途径降低成本，使企业的全部成本低于竞争对手的成本，甚至是在同行业中最低的成本，从而获取竞争优势的一种战略。根据企业获取成本优势的方法不同，我们把成本领先战略概括为如下几种主要类型：（1）简化产品型成本领先战略；就是使产品简单化，即将产品或服务中添加的花样全部取消。（2）改进设计型成本领先战略；（3）材料节约型成本领先战略；（4）人工费用降低型成本领先战略；（5）生产创新及自动化型成本领先战略；

成本领先战略是企业实施低价格战略的前提，当低价格战略抢占了市场或挤跑了竞争对手后，企业的销量大增进而要求产量的提升，这又能获得规模经济的收益。这是美国福特汽车、沃尔玛超市等走过的道路。

§37 企业多元化战略的经济学解释

范围经济：生产两种或两种以上的产品而引起单位成本的降低

1982年，刚刚上任GE公司CEO一年的韦尔奇，采用三个圆圈确定了GE公司未来要发展的三大业务类别：高技术、服务和传统事业。在圆圈之内的业务是韦尔奇有意继续保有及经营的事业，共有15项；所有落在圆圈之外的业务都需要整顿、关闭或出售。

1. 整顿：GE公司将1980年的64个事业部，合并为38个事业部，又于1987年合并为13个事业部。

2. 出售企业。对不符合目标要求的企业经过整顿仍无法达到目标的，就将该企业出售，从该行业中撤出。1981–1992年间，GE公司出售了大量的行业和企业，回收资金总额达110亿美元。

3. 收购企业。对有望达到目标的企业，采取收购外部企业的方式，使其快速地达到目标或扩展至全球市场。1981–1992年间，GE公司大量地收购企业，交易金额逾百亿美元。

4. 合资合作。对有望达到或已经达到目标的企业，广泛采用合资合作方式，迅速达到目标或扩展至全球市场。

5. 强化优势。对达到目标或接近目标的企业，进一步提高和强化其竞争优势，使其在未来竞争中充分发挥作用。

战略调整的效果：1991年，GE公司销额达602.36亿美元，是1980年的2.4倍，利润为44.35亿美元，是1980年的2.9倍，员工总数为28.4万人，是1980年的70%。

美国GE公司是一个有一百多年历史的多元化企业，发展到20世纪80年代时，成为一个业务众多的庞然大物。韦尔奇上任后，重新划定了GE的经营范围，并坚决执行了这一战略，大获成功。

这个案例，与经济学上的"范围经济"有关。范围经济是研究经济组织的生产或经营范围与经济效益关系的一个基本范畴。

举个通俗的例子来解释范围经济的含义。比如一个火力发电厂在其附近建一个砖厂，而生产砖的原材料就是发电过程中产生的煤渣。煤渣对于火力发电厂完全是废物，原来火力发电厂还要花专门的资金清理它，现在砖厂不仅可以帮助清理掉煤渣，还可以把它转变为有用的产品，拿到市场上卖钱。火力发电厂不仅节省了清理煤渣的费用，还通过砖的销售获得额外的收入。总收入的增加使得它相对于同行具有成本优势，即使电的销售价格低于竞争对手，仍能得到高于竞争对手的利润。

在这个例子中，如果砖厂不是火力发电厂所建，而是由另一个企业所建，就形成了企业间的范围经济。在这样的情况下，火力发电厂可能把煤渣以很低的价格卖给砖厂，它仍然可以节省清理费用，还能获得销售煤渣的收入。但是从砖厂看，因为它的原材料是别的厂商的废料，肯定是成本极低。所以相对于其他的砖厂，它就享受到成本节约的好处，成本的降低使得它可以降低价格获得竞争优势。

范围经济一般指企业通过扩大经营范围，增加产品种类，生产两种或两种以上的产品而引起单位成本降低的一种经济现象。因而，范围经济成为企业采取多元化经营战略的理论依据。

范围经济与规模经济是两个不同的概念，两者之间并无直接的关系：

一个生产多种产品的企业，其生产过程可能不存在规模经济，但是却可能获得范围经济；一个工厂用较大规模只生产某一种产品可能会产生规模经济，但是却不可能获得范围经济；范围经济强调生产不同种类产品（包括品种与规格）获得的经济性，规模经济强调的是产量规模带来的经济性。那么，范围经济具有哪些优势呢？

1. 生产成本优势

生产成本优势主要表现为分摊固定成本、降低变动成本。分摊固定成本主要表现为分摊固定资产的折旧费用，从而降低单位产品的固定成本；降低变动成本主要表现在降低采购成本、提高资源利用率等方面。

2. 差异化优势

差异化是指企业提供产品的多样性，包括产品的质量、功能、外观、品种、规格及提供的服务等，这种多样性能使消费者认同该产品并区别于其他企业提供的类似产品。

3. 市场营销优势

在买方市场条件下，获得市场营销优势是企业成功的关键。市场营销的关键在于正确定位目标市场的需要和欲望，比竞争者更有效地提供目标市场所要求的满足。市场营销强调满足消费者的需要和欲望，从营销理论来说，就是从产品、价格、地点、促销、公共舆论、政治或权力等方面体现企业的竞争能力。

4. 技术创新优势

首先，对范围经济的理解和受益，使企业管理层对新产品、新工艺的开发更加重视；其次，范围经济利益的驱动可以导致科技创新的良性循环，持续的创新活动将使企业在应用新材料、采用新工艺、培养创新团队、加强市场调研等方面获得突破，最终将形成企业强大的核心竞争优势。

5. 抵御风险的优势

范围经济在成本、差异化、市场营销和技术创新等方面获得竞争优势，实际上是增强了企业抵御风险的能力。

协同效应

战略学家安索夫研究了多元化企业成功与失败的例子。发现多种业务之间，如果（1）技术之间存在相关性；（2）市场之间存在相关性；（3）技术和市场之间都具有相关性；那么多元化企业成功的概率就大为增加。如果多种业务之间，不存在这样的相关性中的任何一种，失败的概率就大幅提高。

安索夫把相关性带来的好处叫做协同效应，这个术语形象地解释了范围经济的成因。

38 增加产量，存在一个极限值

利润最大化：企业要取得最大利润，需遵循成本最小化原则

有一家皮鞋厂，在一个销售期结束后进行盘点。它的总收益便是卖出皮鞋后的全部收入，它的平均收益便是每卖出一双皮鞋所增加的收入。规范地说，就是"出卖每单位产品所得到的收入"。不难看出，平均收益其实就是每双皮鞋的价格。假设该鞋厂生产一单位产品，也就是生产一双皮鞋增加的收益为20元（边际收益），而每多生产一双皮鞋的边际成本为15元。那么，企业一定要增加生产，以实现利润最大化，把能赚的钱尽量都赚到。

但是，如果一双皮鞋的边际收益为20元，而边际成本却变为25元时，鞋厂每生产一单位产品就会赔5元。那么，企业就一定要减少生产，因为它正在"贴钱卖货"。只有当边际收益与边际成本相等（都为20元）时，企业既不会增加产量，也不会减少产量，这时就说明企业实现了利润最大化。

在市场经济中，利润最大化与成本最小化是企业永恒的主题。一个企业要达到利润最大化，就必须对投入要素进行最优组合以使成本最小。因此，企业要想取得最大利润，就要遵循成本最小化原则。

从经济学的角度看，在不同的社会条件下，利润的内涵有所不同，计算利润时也有一些比较复杂的方法。但在这里，可以先了解一个并不复杂的道理：一个从事生产或销售的厂商，如果他的总收益大于总成本，那么他就会有剩余。这个剩余就是利润。

对于作为市场主体的企业来说，有一个鲜明的目标："利润最大化。"如果人们直观认为，对于一个企业来说利润越多越好，这样其实是不对的，企业的利润来自于自身的生产或者销售。在市场里，一个企业的生产和销售总是处于变化之中，利润也随之改变。因此问题的关键就在于，企业要判断出自己的经营在何种状态时能够取得利润的最大值。这就意味着，在衡量如何实现"利润最大化"时，必须要有一个客观的标准。

实际上，经济学家们早已经给出了这一标准，即"边际收益等于边际成本"。边际收益是每多卖出一单位产品所增加的收入，边际成本是每生产一单位产品所增加的工人工资、原材料和燃料等变动成本。

需要指出的是，边际成本往往随着企业的生产发生变化。厂商在生产过程中会时刻监督自己的经营状况，如果从某一刻起，再增加一单位产量时，该单位产量的边际收益大于边际成本，就说明增加产量可以增加总利润。于是厂商会继续增加产量；反之，如果增加的这一单位产量的边际收益小于边际成本，就说明增加产量将发生亏损，这时会减少产量。这样，只有在边际收益等于边际成本时，厂商的总利润才能达到极大值。

······· 极简经济学 ·········
"价格战"发生的原因

（1）行业的成长空间和价值空间的大小、技术进步速度的快慢、价值链的长短等都会影响产品价格的变动。

（2）随着产品的丰富化、多样化，生产同一产品的企业日益增多，企业为占有更多的市场份额而进行策略性降价，甚至是价格战。

（3）由于行业已成规模，技术更新换代快，因此整个行业的成本都会下降，成本的下降自然会带动价格的下降。

（4）有些企业通过规模经营、建立健康的成本结构和有效的管理措施，使自己在行业内部获得较大的成本优势，从而可以使自己持续地进行价格战，并可以在价格上给竞争对手形成长期的压力。

（5）许多企业的产品同质化很严重，产品没有创新，技术更新缓慢，缺乏差异性，为争夺有限的市场，企业只能通过降价和价格战来达到销售和收回成本的目的。

39 过去的钱、未来的钱与现在的钱

贴现率：利润的时间成本

　　汤姆6年前投资100万元办了一个工厂，但今年企业停产关闭了。在这6年时间里，企业每年的总收益是20万美元，6年共收益120万美元。这样算下来，总成本为100万美元，总收益为120万美元，利润为20万美元，投资利润率为20%。

　　这种算法可以说是正确的，也可以说是不正确的。说这种算法不正确，是因为总收益、总投资、利润都是用货币计算的，而现在的20万元与未来的20万元的实际价值并不相同，也就是说20万元的实际购买力并不相同。

　　因为经济中会发生通货膨胀，假设通货膨胀率是10%，在这种情况下，现在1元钱的购买力在1年以后就会贬值10%，即现在的1元钱在1年以后买不到同样的东西。换一个角度来看，即使没有通货膨胀，将1元钱存入银行，如果利率是10%，一年后就成为了1.1元，显然这1元钱在1年后已经不止1元了。

　　在这里，引入两个概念，现值与贴现。一笔未来货币现在的价值称为现值，未来某一年的货币转变为现在货币的价值称为贴现。在影响一笔货币价值的因素中最重要的是通货膨胀率和利率，通货膨胀率和实际利率之和为名义利率，所以常用名义利率来进行贴现。

假设名义利率为r，某一年的货币量为Mn，货币的现值为M0，n代表第n年。贴现的公式如下：

M0=Mn/（1+r）n

例如，1年后的货币量为110万元，名义利率为10%，这笔钱的现值为：

M0=110/（1+10%）=100（万元）

这就是说，当名义利率为10%时，1年后110万元的现值是100万元，或者说1年后110万元的实际价值在今年是100万元。

在确定一笔投资是否有利时，要比较的不是现在的投资与未来的收益，而是现在的投资与未来收益的现值。这是以利润最大化为目标的企业在决定投资时所采用的思维方式。换言之，不是在未来能赚多少钱，而是所赚的钱的现值是多少。在上面所举的投资的例子中，如果利率是10%，各年收益的现值如下：

第一年（n=1）：20／（1+10%）1=18.18（万元）

第二年（n=2）：20／（1+10%）2=16.53（万元）

第三年（n=3）：20／（1+10%）3=15.03（万元）

第四年（n=4）：20／（1+10%）4=13.66（万元）

第五年（n=5）：20／（1+10%）5=12.42（万元）

第六年（n=6）：20／（1+10%）6=11.29（万元）

未来6年中总收益的现值为：

18.18+16.53+15.03+13.66+12.42+11.29=87.11（万元）

如果不进行贴现，总收益为120万元，但按10%的利率进行贴现时，这120万元的现值为87.11万元。投资为100万元，未来收益的现值为87.11万元，显然，这笔投资是亏损的，亏损为100-87.11=12.89（万元）。明显地不能进行这笔投资。

由以上的分析还可以看出，一笔未来货币现值的大小取决于名义利率。假定名义利率为5%时，各年收益的现值如下：

第一年（n=1）：20／（1+5%）1=19.05（万元）

第二年（n=2）：20／（1+5%）2=18.18（万元）

第三年（n=3）：20／（1+5%）3=17.24（万元）

第四年（n=4）：20／（1+5%）4=16.52（万元）

第五年（n=5）：20／（1+5%）5=15.74（万元）

第六年（n=6）：20／（1+5%）6=15.02（万元）

未来6年中总收益的现值为：

19.05+18.18+17.24+16.52+15.74+15.02=101.75（万元）

这表示只有在名义利率为5%时，这笔100万元的投资才略有微利，即1.75万元（101.75-100）。由此可见，利率在5%以上，这笔投资都是不合适的。

贴现的方法突出了时间因素在经济学中的重要性。人们对等量货币的现在偏好大于未来，这就体现了时间的作用。在企业作出投资决策时，一定要考虑时间因素。收益期越长的投资，时间因素越重要。

在考虑时间因素时，不仅有贴现，而且有投资风险。建立一个工厂往往是一种长期投资。所以在作出这种投资时，不仅要考虑规模的确定，使产量达到平均成本最低的水平，而且要考虑这些产量所能带来的收益现值。

贴现率

　　贴现率是指将未来支付改变为现值所使用的利率，或指持票人以没有到期的票据向银行要求兑现，银行将利息先行扣除所使用的利率。它解决了未来经济活动在今天如何评价的问题。贴现率为正值，说明未来的1元钱不论是损失还是收益，没有现在的1元钱重要；而且时间隔得越长，未来的价值越低。

$40 世界上最强大的力量是什么?

复利: 投资的最大魅力就在于复利增长

相传国际象棋是古波斯的一个大臣所发明的, 国王为这个游戏的问世深为喜悦。当时该国正在与邻国交战, 当战争进入胶着阶段, 谁也无法战胜谁时, 两国决定通过下一盘国际象棋来定胜负。最后, 发明国际象棋的这个国家赢得了战争的胜利。国王因此非常高兴, 决定给大臣以奖赏。

大臣就指着自己发明的棋盘对国王说: "我只想要一点微不足道的奖赏, 只要陛下能在第一个格子里放一粒麦子, 第二个格子增加一倍, 第三个再增加一倍, 直到所有的格子填满就行了。"

国王轻易地就答应了他的要求: "你的要求未免也太低了吧?"但很快国王就发现, 即使将自己国库所有的粮食都给他, 也不够百分之一。因为从表面上看, 大臣的要求起点十分低, 从一粒麦子开始, 但是经过很多次的翻倍, 就迅速变成庞大的天文数字。

这就是复利的魔力。虽然起点很低, 甚至微不足道, 但通过复利则可达到人们难以想象的程度。

在人生中，追求财富的过程，不是短跑，也不是马拉松式的长跑，而是在更长甚至数十年的时间跨度上所进行的耐力比赛。只要坚持追求复利的原则，即使起步的资金不太大，也能因为足够的耐心加上稳定的"小利"而很漂亮地赢得这场比赛。

据说曾经有人问爱因斯坦："世界上最强大的力量是什么？"他的回答不是原子弹爆炸的威力，而是"复利"；著名的罗斯柴尔德金融帝国创立人梅尔更是夸张地称许复利是世界的第八大奇迹。

人们在日常生活中总会遇到一些存款和借款的情况，因此学会计算利息是很有必要的。利率通常有两种计算方法，单利和复利。

单利的计算方法简单，借入者的利息负担比较轻，它是指在计算利息额时，只按本金计算利息，而不将利息额加入本金进行重复计算的方法。如果用I代表利息额，P代表本金，r代表利息率，n代表借贷时间，S代表本金和利息之和。那么其计算公式为：

$I=P \times r \times n$

$S=P \times (1+r \times n)$

例如，某银行向某企业提供一笔为期5年，年利率为10%的200万元贷款，则到期时该企业应付利息为：

$I=P \times r \times n$

$=200 \times 10\% \times 5$

$=100$（万元）

本金和利息为：

$S=P \times (1+r \times n)$

$=200 \times (1+10\% \times 5)$

$=300$（万元）

复利是指将本金计算出的利息额再计入本金，重新计算利息的方法。这种方法比较复杂，借入者的利息负担也比较重，但考虑了资金的时间价值因素，保护了贷出者的利益，有利于使用资金的效率。复利计算的公式为：

I=P×[（1+r）×n-1]

S=P×（1+r）×n

若前例中的条件不变，按复利计算该企业到期时应付利息为：

I=P×[（1+r）×n-1]

=200×[（1+10%）×5-1]

=122.102（万元）

S=P×（1+r）×n

=200×（1+10%）×5

=322.102（万元）

由此可见，和复利相对应的单利只根据本金算利，没有利滚利的过程，但这两种方式所带来的利益差别一般人却容易忽略。假如投入1万元，每一年收益率能达到28%，57年后复利所得为129亿元。可是，若是单利，28%的收益率，57年的时间，却只能带来区区16.96万元。这就是复利和单利的巨大差距。

在复利模式下，一项投资所坚持的时间越长，带来的回报就越高。在最初的一段时间内，得到的回报也许不理想，但只要将这些利润进行再投资，那么你的资金就会像滚雪球一样，变得越来越大。

当然，复利的巨大作用也会从投资者的操作水平中体现出来。因为，为了抵御市场风险，实现第一年的盈利，投资者必须研究市场信息，积累相关的知识和经验，掌握一定的投资技巧。

·········· 极简经济学 ··········
复利和复利效应

　　复利即俗称的"利滚利"，它是指以每年的收益产生额外收益，而投资的最大魅力就在于复利增长。这种由复利所带来的财富的增长，被人们称为"复利效应"。如果耐得住寂寞，把时间拉长，复利的效应是巨大的。

41 逃离红海就一定能避开竞争吗？

蓝海战略：谨防你的蓝海正是别人的红海

一位营销人士给一个功能性食品做了个营销方案，要把这个产品开发成功能饮料，原因是保健品的竞争太激烈，把它开发成饮料是基于蓝海的思想，想要开辟一个新途径。但意料之外的是，保健品的红海是避开了，但是产品又进入了快速消费品的纷争。这就反映出一个问题：如果蓝海与红海只相对于自身的话，根本就没有突出新意，你的蓝海可能早已是别人的红海，实际上无非是从一个红海跳到另一个红海，从一场战争进入另一场战争。

有人这样理解，"我没涉及过的领域就是蓝海""我的产品进入过去没进入的渠道就是蓝海""我用的营销策略过去没用过就是蓝海"……这些观点是不正确的。

蓝海战略其实就是企业超越传统产业竞争、开创全新的市场的企业战略。如今这个新的经济理念正得到全球工商企业界的关注。

有人戏言，一个新产品，只要中国人知道了，肯定要涨价，因为购买的人太多了；只要中国人会制造了，肯定会跌价，因为模仿的人太多了。

这是任何企业都必须回答的问题：在商海中拼搏，靠什么获取优势？

答案一般是两个：要么在质量上竞争，要么在成本上竞争。

于是，两大经典的市场竞争策略诞生：差异化策略和低成本策略——前者通过在产品和服务等方面形成独有特色，利用产品设计、功能、外观、包装、品牌、服务等方面别具一格的形象，产生竞争力，这就是差异化策略。另一条路是低成本策略：通过扩大规模、利用专利技术和压低原材料价格，使自己的产品价格低于竞争对手，以此扩大销量，提高市场占有率。

要开发与众不同的产品，企业常常陷入高成本、高投入、高定价、低销量的恶性循环；而低成本策略常常导致价格战和低利润，同类企业拼得你死我活，头破血流。品牌和服务变得越来越相似，人们越来越基于价格做出选择。这就是"红海"——血腥、残酷、鲜血染红海面。为了竞争优势和市场份额，企业在"肉搏"。与此同时，企业的获利性增长的空间越来越小。生存都不容易，要发展壮大就更难了。

那么，如何才能跳出"红海"的"肉搏"呢？

从100多年的资本运作最成功的150个战略案例身上可以找到答案。

从已有产业结构下的定位选择转为改变市场结构本身，通过跨越产业和竞争边界，开创市场空间，开启沉睡的巨大需求，把企业带入没有竞争者的蓝色海洋中——宁静、和平、没有厮杀的蔚蓝色海面，这就是蓝海战略。通过价值创新，让企业实现价值飞跃。

如果把整个市场想象成海洋，那么这个海洋由红色海洋和蓝色海洋组成，红海代表现今存在的所有产业，这是我们已知的市场空间；蓝海则代表当今还不存在的产业，这就是未知的市场空间。那么所谓的蓝海战略就不难理解了，蓝海战略其实就是企业超越传统产业竞争、开创全新的市场的企业战略。

蓝海战略的核心，在于价值创新。

　　价值创新可不是技术创新。从历史来看，那些新产品的发明者，并不是最大的受益者。个人电脑和录像机这两种非常重要的产品，人们记不得最初的发明者，但却记得靠这些产品赚钱的公司。因此，价值创新可以通过多种途径实现，可以借用技术创新实现，也可以通过现有技术完成。"蓝海"并不都是新兴的产业，"蓝海"常常从"红海"中诞生。

　　全球咖啡连锁店星巴克就是一个绝佳的例子。

　　在咖啡零售领域竞争非常激烈，雀巢、麦氏等企业把注意力放在生产成本、质量、分销渠道上。一句话，都在"红海"竞争。然而，星巴克的诞生，开创了全新的盈利方式，将这些竞争对手远远甩在了背后。因为星巴克不仅出售咖啡，还提供独特环境、良好的氛围。这就是价值创新。

　　在星巴克诞生前，想喝咖啡只有两个选择，一个是去宾馆、酒店，并不是那里的咖啡好，而是酒店环境还不错；另一个选择就是传统咖啡店———暗淡的灯光，嘈杂的环境，还有吞云吐雾的吸烟者。于是，星巴克的创始人在想，为什么不在一个优雅的环境里，出售美味的咖啡呢？时至今日，星巴克已经成为咖啡连锁店大王：2004—2005年星巴克第三季度实现1.256亿美元净利润，整体净营收为16亿美元。在之前的第一季度和第二季度，星巴克也分别实现了1亿美元和1.1亿美元的净利润。星巴克明年将再开1800家分店，在保持一贯的优雅环境之外，还将推出"咖啡+音乐"的全新策略。

　　蓝海的开创者，从来就不以竞争者为标杆，而是采取完全不同的战略逻辑，这就是价值创新。在"红海"中，星巴克通过制造"环境"，营造"氛围"，为顾客创造出新的价值，将咖啡和"环境"打包出售，找到了"蓝海"。从星巴克的发展来看，他们不仅保持了绝对优势地位，而且开创了一个价值连城的品牌。

　　具体说来，蓝海战略包含六项原则：

　　（1）重建市场边界。它主要包括：跨越他择产业看市场；跨越产业内不同的战略集团看市场；重新界定产业的买方群体；跨越互补性产品和服务看市场；跨越针对卖方的产业功能与情感导向。

（2）注重全局而非数字。

（3）超越现有需求。

（4）遵循合理的战略顺序。

（5）克服关键组织障碍。

（6）将战略执行构建成战略的一部分。

对于企业而言，蓝海战略提供了崭新的理念，只不过在运用蓝海战略时，还是需要多一点谨慎为好。

蓝海战略

蓝海战略最早是由W·钱·金（W.Chan Kim）和勒尼·莫博涅（Renée Mauborgne）于2005年2月在两人合著的《蓝海战略》一书中提出。蓝海战略认为，聚焦于红海等于接受了商战的限制性因素，即在有限的土地上求胜，却否认了商业世界开创新市场的可能。运用蓝海战略，可以跨越现有竞争边界，将不同市场的买方价值元素筛选并重新排序，从给定结构下的定位选择向改变市场结构本身转变。

42 如何挖掘小众市场中的金矿

长尾理论：二八定理的终结者

马云与中小网站有不解之缘，据说这与他自己的亲身经历有关。当年，竞争对手想要把淘宝网扼杀在"摇篮"中，于是同各大门户网站都签了排他性协议，导致几乎没有一个稍具规模的网站愿意展示有关淘宝网的广告。无奈之下，马云团队找到了中小网站，最终让多数的中小网站都挂上了他们的广告。此后，淘宝网歪打正着地红了，成为中国首屈一指的C2C商业网站。马云因此对中小网站充满感激，试图挖掘更多与之合作的机会，结果让他找到了重要的商机。

在中国所有的网站中，中小网站在数量上所占比重远远超过大型门户网站，尽管前者单个的流量不如后者，但它的总体流量仍相当庞大。而且，中小网站由于过去一直缺乏把自己的流量变现的能力，因此，其广告位的收费比较平民化。这恰好符合中小企业广告主的需求。

在对目标客户的选择上，马云独辟蹊径，事实证明，马云发现了真正的"宝藏"。其实，用经济学的话说，马云是在利用"长尾效应"。

　　2004年10月，美国人克里斯·安德森提出了"长尾"的概念。他将集中了人们需求的流行市场称为"头部"，而有些需求是小量的、零散的、个性化的，这部分需求所形成的非流行市场就是"尾巴"。

　　长尾理论描述了这样一个新的时代：一个小数乘以一个非常大的数字等于一个大数，许许多多小市场聚合在一起就成了一个大市场。长尾理论终结了被公认无比正确的"二八定律"时代。"长尾理论"诞生后，人们不再只关心20%的拥有80%的财富的那一群人了，因为80%的那群人占有的市场份额与20%的人占有的市场份额是相同的。

　　在日常经济生活中，常有一些颇有趣味的商业现象可以用"长尾理论"来解释。如在网上书店亚马逊的销量中，畅销书的销量并没有占据所谓的80%，而非畅销书却由于数量上的积少成多，占据了销量的一半以上。

　　如果说长尾理论是一种理论观点的探讨，甚至是经济生活中的一种经济业态，无可厚非，但如果以它引导企业行为，其效果未必是乐观的。

　　首先，长尾绝不意味着仅仅是把众多分散的小市场聚合为一个大尾巴，还需要一个坚强有力的头部，以及头部与尾巴之间的有效联系。

　　其次，相对畅销品讲，"长尾"是非热销产品，属遗留产品或滞销品，任何企业都不可能有意或着力生产这些产品，更不可能把这些滞销品和处理品作为企业的利润来源甚至是利润支撑；否则，那就是本末倒置，舍近期大利去追逐远期小利。

　　最后，在传统商业现有的游戏规则下几乎不可能。因为传统商业目前仍然是以"销售量带来的收益持平或者超过成本"这一商业常识作为指导，如果在自己的"零售网络"中最终聚集的用户数量还是非常少的话，依然无法通过这种产品盈利，这时要在"长尾市场"中做生意，不是为时已晚，就是压死企业这头骆驼的最后一根稻草。

　　长尾理论是把双刃剑，只有对它拥有正确认识且能正确运用的人，才能运用它来为自己创造财富，否则就会一败涂地。因此，对待长尾理论的正确态度是，要慎重，要因产品制宜，在一般情况下，单一企业不宜使用。

────── 极 简 经 济 学 ──────
长尾理论的提出

　　克里斯·安德森是美国《连线》杂志主编，他喜欢从数字中发现趋势。一次跟eCast首席执行官范·阿迪布的会面，后者提出一个让安德森耳目一新的"98法则"，改变了他的研究方向。范·阿迪布从数字音乐点唱数字统计中发现了一个秘密：听众对98的非热门音乐有着无限的需求，非热门的音乐集合市场无比巨大，无边无际。听众几乎盯着所有的东西！他把这称为"98法则"。

　　安德森意识到阿迪布那个有悖常识的"98法则"，隐含着一个强大的真理。于是，他系统研究了亚马逊、狂想曲公司、Blog、Google、eBay、Netflix等互联网零售商的销售数据，并与沃尔玛等传统零售商的销售数据进行了对比，观察到一种符合统计规律（大数定律）的现象。这种现象恰如以数量、品种二维坐标上的一条需求曲线，拖着长长的尾巴，向代表"品种"的横轴尽头延伸，长尾理论由此得名。

43 麦当劳和肯德基为何爱做邻居?

集聚效应：在同行多的地方开店，是理性的

麦当劳和肯德基是世界餐饮行业中的两大巨头，分别在快餐业中占据第一和第二的位置。其中，麦当劳有30 000多家门店，肯德基有11 000多家分店。原本是针锋相对的对手，但是在经营上有异曲同工之处。例如，经常光顾麦当劳或肯德基的人们不难发现这样一种现象，麦当劳与肯德基这两家店一般在同一条街上选址，或在相隔不到100米的对面，或同街相邻门面。若按常理，这样的竞争会造成更剧烈的市场争夺，以至于各个商家利润下降，但为什么两家偏偏还要凑在一起?

事实上，平常人往往想象不到的是，不仅消费者愿意扎堆凑热闹，商家也愿意扎堆。至于扎堆的原因，就在于有集聚效应。集聚效应是指各种产业和经济活动在空间上集中产生的经济效果，以及吸引经济活动向一定地区靠近的向心力。

集聚效应是一种常见的经济现象，如产业的集聚效应，最典型的例子当数美国硅谷，聚集了几十家全球IT巨头和数不清的中小型高科技公司；国内的例子也不少见，在浙江，诸如小家电、制鞋、制衣、制扣、打火机等行业都各自聚集在特定的地区，形成一种地区集中化的制造业布局。类似的效应也出现在其他领域，如北京、上海这样的大城市就具有多种集聚效应，包括经济、文化、人才、交通乃至政治等。

从世界市场的竞争来看，那些具有国际竞争优势的产品，其产业内的企业往往是群居在一起而不是分居的。集聚为什么有助于产生竞争优势？

1. 产业集聚对提高生产率的影响

同一个产业的企业在地理上的集中，能够使得厂商更有效率地得到供应商的服务，能够物色招聘到符合自己意图的员工、能够及时得到本行业竞争所需要的信息，能够比较容易地获得配套的产品和服务。这些都使群聚区内的企业能以更高的生产率来生产产品或提供服务，有利于其获得相对于群聚区域以外的企业更多的竞争优势。

2. 集聚对创新的影响

由于集中的顾客群降低了设立新企业的投资风险，投资者容易发现市场机会。在产业集聚的地方工作，企业能更容易地发现产品或服务的缺口，受到启发建立新的企业。再加上产业集聚区域的进入障碍低于其他地区，所需要的设备、技术、投入品以及员工都能在区域内解决，因而开办新的企业要比在其他地区容易得多。企业所需要的客户、市场信息可能在其成立之前就已经具有了。

3. 集聚对竞争的影响

竞争是企业获得竞争优势的重要来源。集聚带来了竞争，加剧了同行业企业间的竞争。竞争不仅仅表现在对市场的争夺，还表现在其他方面。同居一地，同行业相互比较有了业绩评价的标尺，也为企业带来了竞争的压力。绩效好的企业能够从中获得成功的荣誉，而绩效差的甚或平庸的企业会因此感受到压力。不断的比较产生了不断的激励。同行业企业的聚集，导致剧烈的竞争，竞争对手的存在是有积极意义的。

············**极简经济学**············
产业集聚的因素

　　首先，产业集聚必须是与某一产业领域相关的。其次，产业集聚的企业及其他机构具有密切联系。产业集群内的企业及相关机构不是孤立存在的，而是整个联系网络中的一个节点。最后，产业集群是一个复杂的有机整体。

§44 如何让技术骨干和管理阶层都得到激励?

激励相容: 兼顾企业目标与个人目标的双赢之道

20世纪初, 美国在一些企业实施了双阶梯激励机制, 这是一种为了给组织中的专业技术人员提供与管理人员平等的职业发展机会而设计的职业生涯系统和激励机制。在这种机制下, 专业技术人员的职业生涯可以有两条平等的路径: 一条是管理职业生涯路径, 另一条是技术职业生涯路径, 走技术阶梯的人员能够与管理人员享有平等的发展机会和发展层级。

这种机制一方面可以鼓励那些在业务技术上有优势和潜力的员工专心走业务技术的道路, 为企业业务的创新与发展作出特有的贡献; 另一方面在一定程度上有效地扭转了员工把进入管理层作为唯一的职业发展道路的局面, 为员工个人职业生涯打开更多的通道。

一个好的制度不是不让人自利, 而是要形成一个内在的制约制度, 利用人无法改变的利己之心去引导他做有利于社会的事情。因此, 制度从一开始制定时就要顺从人的本性, 这样才能形成一种因势利导的有效激励制度。这涉及制度经济学中激励相容的概念。

赫维茨创立的机制设计理论中的激励相容是指：在市场经济中，每个理性经济人都会有自利的一面，其个人行为会按自利的规则行为行动；如果能有一种制度安排，使行为人追求个人利益的行为，正好与企业实现集体价值最大化的目标相吻合，这一制度安排就是激励相容。

现代经济学理论与实践表明，贯彻激励相容原则，能够有效地解决个人利益与集体利益之间的矛盾冲突，使行为人的行为方式、结果符合集体价值最大化的目标，让每个员工在为企业多做贡献中成就自己的事业，即个人价值与集体价值实现一致化。

那么，如何才能设计出个人与企业价值的激励相容机制，从而实现两者价值最大化的双赢之路呢？

1. 设计合理的激励机制及手段

产生相互抱怨的企业都有一个共同的特点，即激励机制的缺失或扭曲。论资排辈、岗位僵死、固定的工资、平均的福利等现象在一些企业普遍存在。解决问题的途径是将劳动贡献与报酬直接挂钩，淡化资历、学历、职称等对收入的影响，破除学历、资历、身价等条条框框，不拘一格选拔人才、使用人才、培养人才。

2. 为员工提供多渠道的职业发展路径

目前，大多数企业员工的薪酬待遇是随着个人管理地位的提高而增加的，一些员工本身优势在于专业性，但为了更高的物质收入，不得不把相当一部分精力从钻研业务中抽出来，去谋职求位。为员工设计多渠道的职业发展路径就可以有效地解决这个问题。

3. 塑造健康向上的企业文化来凝聚优秀人才

企业仅仅靠条条框框的条例、规章、制度是不能有效地解决组织运行中的诸多问题的。要在管理中贯彻以人为本的思想，强调对人性的理解和尊重，按人性的规律对人进行管理，将企业的经营思想、价值理念、行为方式等整合到员工的思想和工作中去，促使员工的积极性得以充分释放。

　　企业在设计激励相容机制时，要真正做到岗有所需、人有所值，实现人力资源配置最优化，切实把人力资源变为人力资本，在保证企业价值实现的同时，使员工自身的优势和特长得到充分发挥，促进整体素质的提高、知识的升华和价值的实现。唯有如此，才能真正实现个人与企业价值的双赢。

职业生涯规划

　　指的是一个人对其一生中所承担职务的相继历程的预期和计划，这个计划包括一个人的学习与成长目标，及对一项职业和组织的生产性贡献和成就期望。

45 为什么员工工资只能升不能降

工资刚性：人们往往会把"失去"看得比"得到"更重要

2007年5月11日，德国某电信运营商的固话部门有超过一万员工举行罢工。这些员工主要来自该公司计划转移到T-Service新服务部门的员工中。此次罢工主要集中在德国西部的北莱因-威斯特法伦州、黑森州和下萨克森州，影响公司的呼叫中心、线路安装和技术服务部门。转岗后工资降低，是这次罢工的主要原因。

其实早在2007年4月份，该公司就已经遭遇了数千名员工的"警告性"罢工活动，波及全国13个州。这两次罢工的目的是一致的，旨在继续反对公司董事会抛出的改制计划，抗议降薪41%。罢工员工担心，公司多年管理不善的损失要由他们来承担，他们希望通过罢工施加压力，使企业在改制过程中自身权益能得到维护。

类似的事件在世界其他地方也有上演，诱发的原因都大同小异——大多是因为员工对薪资的向下走向表示不满。这就引发了一种值得关注的问题：为什么工资只许升不许降？

经济学家用工资刚性来解释这种现象。"工资刚性"从某种意义上说，取决于人性中的某种天性，比如人们往往会把"失去"看得比"得到"更重要。

资本主义市场经济都应该遵循这样的经济规律：商品供过于求就要降价。但工资在美国市场就是个例外。它很少受到经济萧条的影响。经济不好，老板可能少涨或不涨工资，也可能干脆解雇部分员工，但却很少给现有员工降薪。

按理说，公司盈利减少，工资就该下降。为什么工资偏偏不遵守供求关系的经济规律呢？减薪对公司来说同样可以节约成本，为什么美国公司可以一批又一批地解雇员工，却不愿意采用给现有雇员减薪的办法来避免裁员呢？减薪可以避免或基本避免裁员。大家都实行弹性工资岂不是两全其美？

这个问题看似简单，其实它是经济学家们多年来面对的一个著名难题。在劳动力市场中，工资应像所有其他商品一样，由劳动力供求关系决定，劳动力需求量大，工资就高，反之工资就低。但实际情况是，工资对外部经济环境的变化反应滞后，常常不能灵敏地反映劳动供求关系的变化并作出及时调整。

经济学家把这个现象称为"工资刚性原理"。他们认为，工资本来也是可以上下浮动的，但是企业认为，如果工资降得太低，员工会选择离职——因为他们认为不工作比低薪工作更好。所以减薪有害，它会让公司想留住的有价值员工另谋高就。

另外的经济学家们解释说，公司内部一些年老资深员工不愿意降薪，他们向管理层施压要求解雇"新招来的"员工。事实上，美国公司近年来的裁员几乎首先裁掉那些资深员工。资深员工高昂的薪酬成为公司扭亏转盈的负担，而不是那些工资相对较低的新员工。

耶鲁大学经济学教授杜鲁门·彪利对工资刚性提出来最令人信服和最

具创意的解释。彪利是美国最杰出的数理经济学家之一。他曾任《数量经济学学刊》编辑多年，在具有无穷性质的一般均衡理论、宏观经济学的微观基础方面作出了重大贡献。他研究了无数种商品经济中均衡的存在性、具有无穷性质经济的核与均衡的等价性、劳动力市场、最优货币数量重大理论问题。

他说："除了一个例外，我的发现不支持任何现有的经济学解释。这个例外就是减薪会极大地损害员工的士气，打击他们的工作积极性。"经济不好就减薪，还会让员工产生管理层趁火打劫的质疑。尽管解雇也会打击积极性，但它的影响与减薪相比没有那么严重和漫长。

一项调查显示，有半数的一线管理人员认为，减薪会把员工搅得心烦意乱无心工作。一位经理说，"遭到解雇的员工可能心情更加不好。他们已经出了公司的大门，心情再糟也不是我该操心的事。我更关心留在公司内的员工心情如何。"

在西方国家，企业和员工的工资报酬往往是通过契约的形式事先规定的；如果随意变动，则会受到当事人的控告和法律的制裁。而企业裁员导致的社会失业问题，则主要由政府来承担。减薪不仅会损害在职员工的利益，而且也会损害失业员工的利益。因为，他们无法保证当他们再次就业时，是否还能得到原来的报酬。

经济问题，往往不是一条是非曲直都很分明的"数学"题。

·········极简经济学·········
企业裁员减薪的策略建议

1. 区分出核心员工，稳定住他们。在减薪、裁员之前首先得到企业核心员工的支持和理解，一旦企业有何异动，这些核心员工将发挥作用，安定局面。

2. 采用削减成本的应急措施必须要有明确的执行标准，不能模糊不清。比如减薪，必须明确减薪的依据、幅度、实施面等。例如因亏损而减薪，可采取减少业绩奖金的方法。

3. 所有措施应该公开，不能遮遮掩掩而形成漫天流言。尽管这些措施让员工不舒服，但不管是多么难以让人接受，也应该让员工充分了解。

4. 宣导，执行前要晓之以理，动之以情，取得绝大多数员工的理解。

46 苹果手机为何要给最好的硬件装上最好的软件

附加值：如何靠技术含量和文化价值赚钱

苹果公司成功的秘密在哪里——这可能是每个人都想弄明白的问题。然而，上至乔布斯，下至苹果公司的普通一员，都没有向外界提供一个明确的答案。有的或许是讳莫如深，无可奉告，而更多的人则认为：苹果的成功天经地义。

根据Gartner2009年发布的数据显示，苹果完全控制了手机应用市场，2009年全球手机应用支出为42亿美元，几乎全部流入苹果腰包。Gartner预测，如果目前的手机应用下载趋势能持续下去，2010年苹果将占领至少三分之二的手机应用市场。

苹果手机应用商店App Store 2008年7月上线，12月时下载量就达到3亿次，圣诞假期过后，这一数字增长至5亿次。苹果在早些时候宣布，App Store应用下载量已经超过30亿次，仅2009年就达到25亿次。数字显示，2009年，最近开张的其他平台应用下载量为1600万次，苹果市场份额为99.4%。

由于智能手机日趋普及，以及多家厂商重视应用商店，更多的消费者将会下载手机应用。游戏仍然是第一大类手机应用，手机购物、社交网络和办公工具类应用下载量将继续增长，销售额将继续提高。

苹果能够得到市场的青睐，其手机应用市场占有率达到99.4%。在于其软件和硬件都做到了一流，产品的附加值高。提供给消费者的是近乎完美的品质享受，能够在市场上取得成功就是水到渠成的事情了。

对于苹果能够在众多手机市场中脱颖而出，其制胜的法宝在于苹果的内核非常优良，给众多的消费者留下了好的口碑，不用付广告费，其品牌已为绝大多人所认可。终于，苹果一个高管偶然的一句话泄露了天机："苹果成功的秘密，在于把最好的软件装在最好的硬件里。"

最简单的语言往往直指人心，苹果如此诱人的秘密就在于其创造的软件+硬件的模式，提供给消费者的是高附加值的产品。

附加值是附加价值的简称，是在产品原有价值的基础上，通过生产过程中的有效劳动新创造的价值，即附加在产品原有价值上的新价值，附加值的实现在于通过有效的营销手段进行连接。

哈佛大学出版的《企业管理百科全书》中对附加价值的解释如下：附加价值是企业通过生产过程新增加的价值；或者，从企业的销售额中扣除供生产之用而自其他企业购入的原材料成本，也就是企业的纯生产额。

简单讲，附加价值即所生产的商品的价值与生产它们所使用的材料和供给的成本之间的差额。在一块1元的面包中，可能包含了0.6元的小麦和其他材料的价值，这时其附加值为0.4元。

产品附加值应该包括两个方面的内容，即通过企业的内部生产活动等创造的产品附加值和通过市场战略在流通领域创造的商品附加值。高附加值产品，是指其技术含量、文化价值等，比一般产品要高出很多，因而市场升值幅度大，获利高。

苹果在手机应用方面占有99.4%的竞争优势主要是由于其具备高度的

附加值。与普通的手机相比，苹果的硬件做工优秀，除芯片外全部采用世界一流的生产线，整合到自己的主板上，兼容性可以与3A相媲美。其他手机的主板、显卡等元件都是不同厂家生产后组装，配上安卓系统，而苹果自主研发了适合自己的驱动及系统，要比安卓去兼容不同厂商的硬件强很多，而其他机器就需要考虑硬件的兼容性。

关于附加值的例子，最典型的还包括价格高昂的飞机头等舱机票。根据数据调查发现乘坐头等舱的旅客主要是公务人士和商人。头等舱所提供的硬件和软件服务较好，对于旅客而言，其附加值较高。

由于消费已日益从"物"的消费转向"感受"的消费，日益倾向于感性、品位、心理满意等抽象的标准，所以，产品附加值在市场上的地位就越来越高了，它与产品卖点难以分割，日益融为一体了。

头等舱相对于经济舱来说，具有较高的附加值。无论是软件、硬件还是价格比，头等舱都优于经济舱，给旅客提供的VIP服务，使旅客能够有愉快的旅程。

从候机、乘机的硬件设施，到空乘人员的服务、餐饮、休息盥洗等软性服务方面，经济舱都不能"望头等舱之项背"。但由于价格相对昂贵，乘坐者以公务人士居多，自己买单的多半是商人阶层。由于在针对头等舱乘客设计服务的过程中，一些航空公司已不再仅仅是将空中飞行器当做交通工具，而是将其定位为空中飞行的五星级酒店、精英俱乐部、豪华餐厅和休闲之地，头等舱乘客能够享受到的，已经越来越超出期望。

而且，除了航空公司为头等舱创造的附加值之外，顾客自己还认为头等舱有另一种附加值。

成功学专家卡耐基说过，他乘坐飞机时，都是选择头等舱，因为乘坐头等舱的客人，极有可能成为他的客户。如果能够增加一个客户，那么，乘坐头等舱多付出的钱又算什么呢？

美国赫赫有名的富翁，美国最大的信封企业的老板麦肯锡乘飞机也只坐头等舱，后来，他公布了个中原因。他说，我在飞机上的头等舱认识一个客户，就可能给我带来一年的收益。在头等舱我能够认识到很多商业伙伴，虽然不是一个行业的，但是在交谈中能够给我带来商机。据他说，他的确在头等舱认识了很多名流，这些人中有的真成了他的客户。

卡耐基和麦肯锡出行只坐头等舱，在旅行途中也盘算着生意经，真是一举两得的事情，看来头等舱的附加值真还是挺高的。

··········极简经济学··········
炫耀性消费

内涵有二。其一，是"消费的象征"。即借助消费者消费表达和传递某种意义和信息，包括消费者的地位、身份、个性、品位、情趣和认同。消费过程不仅是满足人的基本需要，而且也是社会表现和社会交流的过程。其二，是"象征的消费"。即消费者不仅消费商品本身，而且消费这些商品所象征的某种社会文化意义，包括消费时的心情、美感、氛围、气派和情调。

47 供过于求的根本原因不在于需求，在于产品结构

萨伊定律：供给自己创造自己的需求

咖啡厅必须采购冰糖，因为咖啡里必须放冰糖。他们形成了互补品的关系，因此冰糖企业是不可能卖不出冰糖的。

那如果咖啡厅倒闭了呢？冰糖也就卖不出去了，因为没有咖啡厅需要了。

可是你会想到，咖啡厅不会倒闭，因为人们永远需要喝咖啡。

可是，如果人们失业了，连饭店都不去的时候，怎么还会去喝咖啡呢？

那人们为什么会失业呢？因为人们就业的企业倒闭了。

假设倒闭的企业是生产工作制服的，而工作制服是供给冰糖企业的。现在，冰糖企业不再需要工作制服了……

冰糖企业为什么倒闭呢？因为冰糖卖不出去了，原因是咖啡店不要冰糖了，咖啡店倒闭了……

通过上面的循环可以看出，咖啡店倒闭是因为冰糖企业倒闭造成的，而冰糖卖不出去，是因为咖啡店倒闭造成的。这是不符合逻辑的。

而这个不合逻辑的关系，就是萨伊定律所要说明的道理。

经济学家萨伊认为，一种商品要由另一种商品来购买，货币只是交换的媒介，那么，一种产品生产出来，与它价值相当的其他产品就有了销路，也就创造了一定的需求。所以，社会上某些产品供过于求的原因不在于货币不足，也不在于需求不足，而是因为能与之相交换的其他产品太少了，因此应该扩大生产，以实现供需的平衡。

对于"萨伊定律"简单的理解就是"供给自己创造自己的需求"。萨伊认为供给自身可以创造需求，因此产品是不可能卖不出去的，因为产品生产的目的是为了消费，生产杯子的企业，是为了利用杯子换回企业所需要的原材料，比如塑料，而生产塑料的企业是为了换回自己生产所需要的设备和原材料，如此不断循环便在社会上形成一个圈，所有的产品都可以通过交换换出去。依靠产品本身就可以创造需求，一时的供需失衡只是出现在个别部门，总体来看供给和需要是平衡的。

由此，萨伊提出这样的观点：

（1）生产越多，产品越多样化，销售状况会越好，经济状况会越好，经济会越繁荣。

（2）这一道理同样适用于对外贸易，我们在购买国外商品的同时，也促进了本国商品的生产与销售。

（3）国家的政策重点在于如何促进生产的发展，而不是鼓励消费或进行贸易保护。

在生活中萨伊定律经常用于产品自身的营销上，因为产品肯定是卖得出去的，之所以出现产品滞销的情况，是由于产品本身的原因。这一行业，供应的产品太多，需求企业肯定需要选择，这样的话，谁的产品在价格、性能上更具有优势，谁的产品就能卖得好。所以企业所要做的就是改善自己的产品。比如生产手机的企业，有的手机因为能上网，可视频，而且通话质量好，款式新颖而受欢迎。但有的手机却因为产品本身花哨有余，实用不足，结果出现滞销。

"萨伊定律"的伟大之处还在于，根据"供给自己创造自己的需求"这一观点，整个经济中不会存在生产过剩的问题。某种商品供过于求的根本原因不在于需求，而是相对应的其他产品的生产过少，所以，归根结底是产品结构的问题。

结构失衡导致一些产品生产过多，而其他产品生产过少，从而表现出供求之间的不平衡。例如，在谈到如何扩大内需的问题时，其中的一个方面就是扩大农村消费市场。在此，我们不仅要考虑到如何生产出适合农民需要的产品，还要考虑到如何促进农业生产的发展。因为要提高农民的购买力就必须提高收入水平，这在很大程度上取决于能否生产出更多更好的产品。可见，"萨伊定律"并没有过时，它仍然在很多方面指导着我们的经济活动。

··········极简经济学··········
产品结构

宏观上讲，产品结构指一个国家或一个地区的各类型产品在国民经济中的构成情况。如：工业产品与农副产品，重工业产品与轻工业产品，进出口产品与内销产品，高档产品、中档产品与低档产品，老产品与新产品等的比例关系。

微观上讲，产品结构是指一个企业生产的产品中各类产品的比例关系，如：高价品与低价品、机械产品与电器产品、优质产品与一般产品、技术密集型产品与劳动密集型产品等之间的比例关系。以产品本身为对象来讲，指组成产品实体的各零件之间的性能、部位是否协调合理。如：车身、车头、刀架、尾座、齿轮箱等零部件在整个机床中的结构关系。

48 企业为何会形成内部人控制？

委托代理与道德风险：谁值得信赖

《克雷洛夫寓言》中有一则《狐狸建筑师》的故事。

一头狮子特别喜欢养鸡，但鸡舍不好，总是丢鸡。狮子决定请最好的建筑师狐狸来建一个坚固的鸡舍。鸡舍建得极为精美，看起来固若金汤，围墙又高又严密，但鸡仍然在一天天减少。

原来狐狸就是偷鸡贼，它把鸡舍盖得非常严密，谁也进不去，但却把一个秘密通道留给了自己。

狮子委托狐狸建鸡舍是出于他的无知，用经济学术语说是狮子和狐狸之间的信息不对称。一旦狮子知道了狐狸的偷鸡本性，就会从维护自己的利益出发，炒掉狐狸。假设狐狸没有偷鸡的动机，鸡舍也不一定能盖好，比如偷鸡的黄鼠狼有可能给狐狸贿赂，让狐狸留下通道。

在以分工为基础的现代社会中，委托代理关系是普遍存在的。委托代理关系形成以后，由于信息不对称，就可能出现代理人的道德风险。

道德风险是20世纪80年代西方经济学家提出的一个经济哲学范畴的概念，即：从事经济活动的人在最大限度地增进自身效用的同时作出不利于他人的行动。或者说是，当签约一方不完全承担风险后果时所采取的自身效用最大化的自私行为。道德风险亦称道德危机，但道德风险并不等同于道德败坏。

在经济活动中，道德风险问题相当普遍。可以说，只要市场经济存在，道德风险就不可避免。诺贝尔经济学奖获得者斯蒂格利茨在研究保险市场时，发现了一个经典例子：

美国一所大学学生自行车被盗比率约为10%，有几个有经营头脑的学生发起了一个对自行车的保险，保费为保险标的的15%。按常理，这几个有经营头脑的学生应获得5%左右的利润。但该保险运作一段时间后，这几个学生发现自行车被盗比率迅速提高到15%以上。何以如此？这是因为自行车投保后学生们的自行车的安全防范措施明显减少。投保的学生由于不完全承担自行车被盗的风险后果，因而采取了对自行车安全防范的不作为行为，而这种不作为的行为就是道德风险。

保险就是典型的委托代理关系。基于理性人假设，个人努力追求自己的效用最大化，因为任何预防性措施的采取都有代价，同时保险公司承担了保险的全部风险，所以理性的投保人不会在预防措施上投资，这样增加了风险发生的可能，给保险公司带来了损失。更为极端的是个人会促使损失的发生，从而获得保险公司的理赔。保险公司预测投保人投保后的这种行为，就会要求投保人交纳更多的保险金，这样降低了保险市场的效率。投保人相对采取预防措施下的收益也会降低。

现代企业的经理人制度也是一种委托代理关系。股东把经营管理权委托给经理人代理，如果缺乏有效的监控机制，经理人也可能滥行委托代理权，形成所谓的内部人控制。内部人控制是在现代企业中的所有权与经营权（控制权）相分离的前提下形成的，由于所有者与经营者利益的不一致，由此导致了经营者控制公司，即"内部人控制"的现象。筹资权、投资权、人事权等都掌握在公司的经营者手中即内部人手中，股东很难对其

　　行为进行有效的监督。由于权利过分集中于"内部人"，因此股东及其他利益将会受到不同程度的损害。

　　为有效防止代理人的道德风险，可以将代理人的报酬与他的绩效挂钩，这可以激励其工作热情。此外，还有一些其他机制控制代理人的道德风险行为，如用相对业绩来确定经理人的报酬，即代理人的报酬不仅依赖于自己的业绩，而且依赖于相同行业的其他经理人的业绩；市场声誉也能对代理人的报酬起到一定作用，具有良好市场声誉的代理人在今后能获得较高的报酬，而不良经营记录甚至破产记录则会对代理人的职业生涯带来不利的影响。

信息不对称

　　信息不对称指交易中的各人拥有的信息不同。在社会政治、经济等活动中，一些成员拥有其他成员无法拥有的信息，由此造成信息的不对称。在市场经济活动中，各类人员对有关信息的了解是有差异的；掌握信息比较充分的人员，往往处于比较有利的地位，而信息贫乏的人员，则处于比较不利的地位。

博弈论经济学篇

博弈论经济学，是指将博弈论知识用于经济问题的分析之中，如针对经济问题的种类、结构，构建出相应的数学博弈模型，用于描述、反映经济问题参与人的策略选择动机，以便寻找到己方的问题最优解（其实也是其他利益主体的最优解）。

　　在市场经济中，企业之间、企业与消费者之间、企业与政府之间、政府与消费者之间、政府与纳税人之间的相互影响、相互依存和相互制约不断加强，以这些经济主体间的对抗、依赖和制约为研究前提和出发点的博弈论研究更具有现实意义。

49 你在超市结账时，
用不着费劲去找最短的队排

纳什与纳什均衡：经济学巨星和他的伟大成就

你正在图书馆枯坐，一位陌生美女主动过来和你搭讪，并要求和你一起玩个数学游戏。

美女提议："让我们各自亮出硬币的一面，或正或反。如果我们都是正面，那么我给你3元，如果我们都是反面，我给你1元，剩下的情况你给我2元就可以了。"

那么该不该和这位姑娘玩这个游戏呢？

这基本是废话，当然该。

问题是，这个游戏公平吗？

我们来分析一下，按照游戏规则，你和美女每局可能出现的收益情况如下表所示：

n\m	美女出正面	美女出反面
你出正面	+3, −3	−2, +2
你出反面	−2, +2	+1, −1

假设你出正面的概率是x，反面的概率是1-x；美女出正面的概率是y，反面的概率是1-y。为了使利益最大化，应该在对手出正面或反面的时候我们的收益都相等，由此列出方程就是：3x + (-2)*(1-x)=(-2) * x + 1*(1-x)

解方程得x=3/8。

同样，美女的收益，列方程：

-3y + 2(1-y)= 2y+ (-1) * (1-y)

解得y也等于3/8，而美女每次的期望收益则是 2(1-y)- 3y = 1/8元。这告诉我们，在双方都采取最优策略的情况下，平均每次美女赢1/8元。

其实只要美女采取了(3/8，5/8)这个方案，即按照3/8的概率出正面、5/8的概率出反面，不论你再采用什么方案，都是不能改变局面的。如果全部出正面，每次的期望收益是 (3+3+3-2-2-2-2-2)/8=-1/8元；如果全部出反面，每次的期望收益也是(-2-2-2+1+1+1+1+1)/8=-1/8元。而任何策略无非只是上面两种策略的线性组合，所以期望还是-1/8元。

但是当你也采用最佳策略(3/8，5/8)时，至少可以保证自己输得最少。否则，你肯定会被美女采用的策略针对，从而赔掉更多。

事实上，每一种游戏依具其规则的不同都会存在纳什均衡，使得每人都赚得最多或亏得最少。

纳什均衡的创立者是约翰·纳什。他在经济学圈外是因为那部获奥斯卡奖的影片《美丽心灵》才被大家了解的。这个被精神分裂症困扰了30多年的天才曾被很多学术奖项和机构排斥在门外，他的诺贝尔奖得来得更是艰难。他在20世纪80年代中期即出现在候选人的名单当中，却因为两派意见相差太大而被搁置了近10年。1994年，他终于在投票中以微弱多数通过，获得当年的诺贝尔经济学奖。

纳什的研究奠定了现代非合作博弈论的基石，后来的博弈论研究基本上都是沿着这条主线展开的。然而，纳什的发现却遭到冯·诺依曼的断然否定，在此之前他还受到爱因斯坦的冷遇。但是骨子里挑战权威的本性，使纳什坚持了自己的观点，终成一代大师。他对非合作博弈的最重要贡献是阐明了包含任意人数局中人和任意偏好的一种通用解概念，也就是不限于两人零和博弈，该解概念就是纳什均衡。

在经济生活中，纳什均衡其实就在人们身边。每逢周末节假日是超市人最多的时候，假如你怀抱着一堆东西站在收银台旁边一队长长的队伍的最后边，你是准备抱着这堆东西找个最短的队来排，还是就近找个队排？

在这里假设超市里的每个人都有一个理性的预期——尽快地离开超市。因此所有的队都会一样长，你用不着费劲地去找最短的队。购物者只要看到旁边的队人少，就会很快排进较短的队中，如此一来较短的队也变长了，一直持续到两个队人数差不多。相邻的两个队是这样，同理，所有的队都会变得人数差不多。所以，还是就近选择最好。

由此可见，均衡是指一种均势的状态，是各方参与者在理性预期的指导下综合博弈的结果。假如人们理解了其中的奥妙，生活就不会平添许多无谓的烦恼。

··········极简经济学··········
博弈论的基本概念

博弈论的基本概念有参与人、行动、信息、策略、支付（效用）和结果等。其中，参与人、策略和支付是描述博弈的基本要素，而行动和信息是构件，参与人、行动和结果统称为博弈规则。

50 你对自私的人类，
是否还能给予信任？

囚徒困境：合作与背叛的游戏

1950年，数学家塔克任斯坦福大学客座教授，在给一些心理学家作讲演时，他用两个囚犯的故事，将当时专家们正研究的一个博弈论问题，作了形象化的解释。从此以后，类似的博弈问题便有了一个专门名称——"囚徒困境"。

借着这个故事和名称，"囚徒困境"广为人知，在哲学、伦理学、社会学、政治学、经济学乃至生物学等学科中，获得了极为广泛的应用。

甲、乙两个人一起携枪准备作案，被警察发现抓了起来。警方怀疑，这两个人可能还犯有其他重罪，但没有证据。于是分别进行审讯，为了分化瓦解对方，警方告诉他们，如果主动坦白，可以减轻处罚；顽抗到底，一旦同伙招供，你就要受到严惩。当然，如果两人都坦白，那么所谓"主动交代"也就不那么值钱了，在这种情况下，两人还是要受到严惩，只不过比一人顽抗到底要轻一些。在这种情形下，两个囚犯都可以做出自己的选择：

或者供出他的同伙，即与警察合作，从而背叛他的同伙；或者保持沉默，也就是与他的同伙合作，而不是与警察合作。这样就会出现以下几种情况（为了更清楚地说明问题，我们给每种情况设定具体刑期）：

如果两人都不坦白，警察会以非法携带枪支罪将两人各判刑1年；

如果其中一人招供而另一人不招，坦白者作为证人将不会被起诉，另一人将会被重判15年；

如果两人都招供，则两人都会因罪名各判10年。

这两个囚犯该怎么办呢？是选择互相合作还是互相背叛？从表面上看，他们应该互相合作，保持沉默，因为这样他们俩都能得到最好的结果——只判刑1年。但他们不得不仔细考虑对方可能采取什么选择。问题就这样开始了，甲、乙两个人都十分精明，而且都只关心减少自己的刑期，并不在乎对方被判多少年。

甲会这样推理：假如乙不招，我只要一招供，马上可以获得自由，而不招却要坐牢1年，显然招比不招好；假如乙招了，我若不招，则要坐牢15年，招了只坐10年，显然还是招供为好。无论乙招与不招，我的最佳选择都是招认。还是招了吧。

自然，乙也同样精明，也会如此推理。

于是两人都做出招供的选择，这对他们个人来说都是最佳的，即最符合他们个体理性的选择。照博弈论的说法，这是本问题的唯一平衡点。只有在这一点上，任何一人单方面改变选择，他只会得到较差的结果。而在别的点，比如两人都拒认的场合，都有一人可以通过单方面改变选择，来减少自己的刑期。

也就是说，对方背叛，你也背叛将会更好些。这意味着，无论对方如何行动，如果你认为对方将合作，你背叛能得到更多；

如果你认为对方将背叛，你背叛也能得到更多。你背叛总是好的。这是一个有些让人寒心的结论。

为什么两个聪明的囚犯，却无法得到最好的结果？两个人都招供，对两个人而言并不是集体最优的选择。无论对哪个人来说，两个人都不招供，要比两个人都招供好得多。

"囚徒困境"这个问题为我们探讨合作是怎样形成的，提供了极为形象的解说方式，产生不良结局的原因是因为囚犯两人都基于自私的角度开始考虑，这最终导致合作没有产生。陷入囚徒困境的两个人，忠于协议和相互背叛哪个更为优势策略？面对困境，如何共同努力实现双赢？如何巧妙利用困境，解决棘手的难题？如何制造困境，降低商业的成本？在面对困境时，你应该注意哪些问题呢？

其实，囚徒困境给我们提出了两个问题：第一是人的自私问题，第二是对别人的信心问题。在生活中，囚徒困境随时可能会发生在我们身上，所以，一个很现实的问题，就是如何走出囚徒困境。由于博弈的双方都想取得一个令自己满意的结果，所以，首先保证自己对对方充满信任是非常重要的。摒除猜疑的想法，建立起一种相互信任的气氛，可以极大地帮助人们走出困境。

1944年的圣诞夜，两个迷了路的美国大兵拖着一个受了伤的兄弟，在风雪中敲响了德国西南边境亚尔丁森林中的一栋小木屋的门。木屋的主人，一个善良的德国女人，轻轻地拉开了门上的插销。

家的温暖在一瞬间拥抱了三个又冷又饿的美国大兵。女主人开始有条不紊地准备着圣诞晚餐，没有丝毫的慌乱与不安，没有丝毫的警惕与敌意。因为她相信自己的直觉：他们只是战场上的敌人，而不是生活中的坏人。美国大兵们静静地坐在炉边烤火，除了燃烧的木柴偶尔发出一两声脆响外，静得几乎可以听见雪花落地的声音。

　　正在这时候，门又一次被敲响了。站在满心欢喜的女主人面前的，不是来送礼物和祝福的圣诞老人，而是四个同样疲惫不堪的德国士兵。女主人同样用西方人特有的方式告诉她的同胞，这里有几个特殊的客人。今夜，在这栋弥漫着圣诞气息的小木屋里，要么发生一场屠杀，要么一起享用一顿可口的晚餐。在女主人的授意下，德国士兵们垂下枪口，鱼贯进入小木屋，并且顺从地把枪放在墙角。

　　于是，1944年的圣诞烛火见证了或许是"二战"史上最为奇特的一幕：一名德国士兵慢慢蹲下身去，开始为一名年轻的美国士兵检查腿上的伤口，尔后扭过去向自己的上司急速地诉说着什么。人性中善良的温情的一面决定了他们的感觉是奇妙而美好的，没有人担心对方会把自己变成邀功请赏的俘虏。第二天，睡梦中醒来的士兵们在同一张地图上指点着，寻找着回到己方阵地的最佳路线，然后握手告别，沿着相反的方向，消失在白茫茫的林海雪原中。

　　在上面这个故事中，美国士兵和德国士兵可以说是战争的死敌，但是由于受到客观条件的影响，共同陷入了困境。庆幸的是，他们和女主人一起建立了一种和谐的相处关系，并最终一同走出了困境，令人称奇。

　　试想一下，如果在这个困境中，双方有一方产生了不和谐的想法，势必会引发杀戮，结果必然是两败俱伤。所以，保持这种和谐信任的关系，是双方的明智之举，而这种关系必须依赖相互信任的态度。

　　囚徒困境的核心问题在于，一方由于担心对方会出卖自己、不跟自己合作，所以便会为了维护自己的利益而先采取有利于自己的措施。产生这种现象的根源在于，两方当事人事先不能通气，互相不知道对方会做出什么样的选择，完全在猜测中进行决策，自然也就缺乏对对方准确的判断。那么在生活中，如果能够避开这种信息的沟通不畅，就可以很好地合作，得到意想不到的效果。

　　加利福尼亚州有两个互为敌手的商店——美西日用品商店和莱特廉价

品商店。他们正好紧挨着，两店的老板是死敌，他们一直进行着没完没了的价格战。

"出售爱尔兰亚麻床单，甚至连有鹰一般眼睛的贝蒂·瑞珀女士都不能找出任何疵点，不信请问她；而这床单的价格又低得可笑，只需 6 美元 50 美分"。

当一个店的橱窗里出现这样的手写告示时，每位顾客都会习惯地等另一家廉价品商店的回音。

果然，大约过了两小时，另一家商店的橱窗里出现了这样的告示："瑞珀女士该配副近视眼镜了，我的床单质量一流，只需 5 美元 95 美分"。

价格大战就这样开始了。除了贴告示以外，两店的老板还经常站在店外尖声对骂，经常发展到拳脚相加，最后总有一方的老板在这场价格战中停止争斗，价格不再下降。骂那个人是疯子，这就意味着那方胜利了。

这时，围观的、路过的、还有附近每一个人都会拥入获胜的廉价品商店，将床单和其他物品抢购一空。在这个地区，这两个店的争吵是最激烈的，也是持续时间最长的，因此竟很有名声，住在附近的每个人都从他们的争斗中获益不少，买到了各式各样的"精美"商品。

突然有一天，一个店的老板死了，几天以后，另一个店的老板声称去外地办货，这两家商店都停业了。过了几个星期，两个商店分别来了新老板。他们各自对两个商店前任老板的财产进行了详细的调查。一天检查时，他们发现两店之间有条秘密通道，并且在两个商店的楼上两家老板住过的套房里发现了一扇连接两套房子的门。新老板很奇怪，后来一了解才知道，这两个死对头竟是兄弟俩。

原来，所有的诅咒、谩骂、威胁以及一切相互间的人身攻击全是在演戏，每场价格战都是装出来的，不管谁战胜谁，最后还是把另一位的一切库存商品与自己的一起卖给顾客。真是绝妙的骗局。

在现实生活中，只要摒除了囚徒困境的不通信息的弊端，就可以在知情的情况下做出有利于两方的选择，这也就是所谓的"串谋"。

············ 极简经济学 ············
博弈的基本构成要素

（1）参与人：参与人又称局中人，是指选择自己的行为以使效用最大化的决策主体。

（2）行动：行动是指参与人在博弈的某个时点的决策变量。

（3）信息：信息是指参与人有关博弈的知识，特别是有关"自然"的选择，其他参与人的特征和行动的知识。

（4）策略：策略是指参与人在给定信息情况下的行动规则，它规定在什么时候，选择什么行动。

（5）支付：支付是指在一个特定的策略集合中参与人得到的确定的效用水平，或指参与人得到的期望效用水平。

（6）结果：结果主要是指均衡策略组合、均衡行动组合、均衡支付组合等。

（7）均衡：均衡是指所有参与人的最优策略集合。

51 能力越大，责任就越大

智猪博弈：搭个便车最省力

　　"搭便车"是经济学中很普遍的名词，它的意思就是不付成本而坐享他人之利。所谓不费力气就能有所收获，这样的便宜事谁不想要呢？博弈论中有个著名的模型叫"智猪博弈"，能够帮助我们理解搭便车行为，这个模型的主角便是我们熟悉的猪。

　　假设猪圈里有一头大猪、一头小猪。猪圈的一头有猪食槽，另一头安装着控制猪食供应的按钮，按一下按钮会有一定单位的猪食进槽，两头隔得很远。假设两头猪都是理性的猪，也就是说他们都是能认识和实现自身利益的猪。再假设猪每次按动按钮都会有10个单位的饲料进入猪槽，但是并不是白白得到饲料的，猪按动按钮以及跑到食槽要付出的劳动会消耗相当于2个单位饲料的能量。此外，当一头猪按了按钮之后再跑回食槽的时候，它吃到的东西比另一头猪要少。也就是说，按按钮的猪不但要消耗2个单位饲料的能量，还比等待的那头猪吃得少。

　　再来看具体的情况，如果大猪去按按钮，小猪等待，大猪能吃到6份饲料，小猪4份，那么大猪消耗掉2份，最后大猪和小猪的收益为4：4；如果小猪去按按钮，大猪等待，大猪能吃到9份饲料，小猪1份，那么小猪消耗掉2份，最后大猪和小猪的收益为9：-1；若两头猪同时跑向按钮，那么大猪可以吃到7份饲料，而小猪可以吃到3份饲料，最后大猪和小猪收益为5：1；最后一种情况就是两头猪都不动，那他们当然都吃不到东西，两头猪的收益就为0。

这些文字的表达比较繁杂，我们用表来表示。数字就表示不同选择下每头猪能吃到的饲料减去消耗量后的纯收益量。

智猪博弈的收益表

大猪/小猪	按按钮	等待
按按钮	5/1	4/4
等待	9/-1	0/0

从这个表中我们可以看到一个均衡点，那就是大猪按按钮，小猪等待的策略，这个时候，大猪和小猪的净收益都是4个单位的饲料。

而且我们还可以看到的一个奇怪现象就是，如果小猪主动劳动，那么小猪的收益居然是-1，对于小猪来说，这比躺在那儿还要吃亏，当然小猪是不会干的。也就是说，如果是小猪按动按钮，则大猪会在小猪到达食槽前把食物全部吃光，如果是大猪按动按钮，则大猪到达食槽时只能和小猪抢食剩下的一些残羹冷炙。既然小猪劳动不得食，则小猪不会主动按钮，而大猪为了生存，尽管只能吃到一部分，还是会选择劳动（按钮）。那么，在两头猪都有智慧的前提下，最终结果是小猪选择等待，只要搭顺风车就可以了。

对于大猪来说，既然小猪有了这个选择，那么大猪就只有两种结果了，要么也不动，那么两头猪就等死了，要是自己去按按钮的话还有4份饲料可以吃。所以，对大猪来说，等待是一种劣势的策略。我们已经说过了，假设了大猪和小猪都是理性的智猪，那么当大猪知道小猪不会主动去按按钮的时候，它亲自去动手总比不动要强，因此他会为了自己的利益而主动地奔走于踏板和食槽之间。

结论就是，不管大猪采取什么样的策略，对于小猪来说劳动都是一个劣势策略，因此最开始就可以除掉这种可能。在剔除了小猪按按钮这种方案以后，大猪就只有两种方按可供选择。在这两种策略里面，等待是一种绝对的劣势策略，也被剔除掉。所以在剩下的策略里面就只剩下小猪等待、大猪按按钮这个可以供选择的策略了，这就是智猪博弈的最后均衡。

智猪博弈给我们的启示就是：生活中有些事情其实用不着自己费力，不妨找机会搭个便车，又省力又有实惠，这样的美事谁不希望呢？

历史上有名的草船借箭的故事，其实讲的就是如何搭便车、吃免费午餐的诀窍：诸葛亮真是一只贪心的"小猪"，让"大猪"即曹军白费力气却毫无收获，一半的箭沉入了江水，一半的箭白白送给了东吴，而东吴丝毫没有费力气便得了一个大便宜，无异于天上掉下大馅饼，还有比这更好的顺风车吗！他们做"小猪"还真是有智谋、有胃口。

生活中还有很多这样的例子，比如我们所熟知的名人效应，其实都是搭便车的"小猪"在借"大猪"的力量为自己谋取收益。

还有许多企业，看到市场上的龙头企业推出了新的产品而风靡一时，便立刻模仿跟进，也是一种搭便车的小猪策略，让大猪花费前期的研究开发、市场推广等费用，等市场前景明朗了，自己再跟进就有稳定的收益了。

智猪博弈模型，还解释了大企业要勇于承担社会责任。虽然所有的企业，不分大小，都可以承担社会责任——如同大猪小猪都可以去按按钮，但是从博弈的均衡结果来看，唯有大企业勇于承担社会责任——按按钮，对全行业、全社会才是最有利的。

在电影《变形金刚》中，承担保护地球人不受外星人侵害的"擎天柱"说过："能力越大，责任就越大"，这是一句蕴含了经济学思想的话。

·········· 极简经济学 ··········
企业社会责任

企业社会责任是指企业在创造利润、对股东承担法律责任的同时，还要承担对员工、消费者、社区和环境的责任，企业的社会责任要求企业必须超越把利润作为唯一目标的传统理念，强调要在生产过程中关注人的价值，强调对环境、消费者、对社会的贡献。

52 想要做出一番大事，必须学会与别人合作

猎鹿博弈：从合作走向共赢

社会学告诉我们，在人类文明之初的原始社会，人们维生的方式主要是狩猎。博弈论中有一个著名的"猎鹿模型"讲述了两个猎人共同猎鹿的故事。

某一天他们狩猎的时候，看到一头梅花鹿。于是两人商量，只有两个人齐心协力，都去猎鹿时，才会得到那只鹿。如果猎鹿的时候一只兔子突然在其中一人身边经过，而这个人转而抓兔子，这人会得到兔子，但鹿就跑掉了。两人得到一只鹿的效用远比分别得到一只兔子大。

因此我们可以看到一共有四种方案供选择，每一行都代表一种博弈的结果。具体说来：

X，X

X，0

0，X

1，1

第一行表示，猎人A和B都抓兔子，结果是猎人A和B都能吃饱

4天;

第二行，猎人A抓兔子，猎人B打梅花鹿，结果是猎人A可以吃饱4天，B则一无所获；

第三行，猎人A打梅花鹿，猎人B抓兔子，结果是猎人A一无所获，猎人B可以吃饱4天；

第四行，猎人A和B合作抓捕梅花鹿，结果是两人平分猎物，都可以吃饱10天。

（1）如果双方都选择了猎鹿，效用为1，（猎鹿，猎鹿）具有帕累托最优，为深入合作的最佳结果；

（2）如果双方都选择了猎兔，即双方没有合作，（猎兔，猎兔）称为风险上策均衡。

（3）如果一人选择了猎鹿，而对方选择了猎兔，即对方没有诚信，背叛了原来的协议，则选择猎鹿者将一无所获，选择猎兔者将保证得到一定效用X（0<X<1）。

在这个博弈中，根据纳什的均衡原理，可以得到两个比较好的结果，那就是：要么分别打兔子，每人吃饱4天；要么合作，每人吃饱10天。

当然人心是不一定的，最终会采取哪一种策略不是纳什均衡所能决定的，比较[1，1]和[X，X]两个纳什均衡，明显的事实是，两人一起去猎梅花鹿比各自去抓兔子可以让每个人多吃6天。按照经济学的说法，合作猎鹿的纳什均衡比分头抓兔子的纳什均衡，具有帕累托优势。与[X，X]相比，[1，1]不仅有整体福利改进，而且每个人都得到福利改进。

可以看得出来，两个猎人自己单独行动的话是最不利的，得到的结果只能让大家吃2天，那么我们从这里就得到这么一个原理：不要单独战斗，要学会与他人合作，一个人的力量不足以让团队都好。

在现代社会里，一个人做事情能影响的范围十分有限，一个人能调动的资源也屈指可数。想要做出一番大事，必须学会与别人合作。

对于普通人，学会与别人合作，可以相互取长补短，相互协助共同达到目标，实现价值的最大化。

对于领导人，与下属不仅是领导关系，更是合作关系，在下属的配合下完成重大任务，协助下属指导下属完成其力所不及的事情，合做出金，何愁企业不欣欣向荣？

对于企业，与别的企业合作经营，形成资源共享的机制，才能在激烈的竞争中立于不败之地。

对于国家，形成战略合作伙伴关系，才能时刻洞悉世界的变化，实现民族的崛起和国家的富强。

……

合作的重要性不胜枚举，然而可惜的是还是有很多人认识不到这一点，仍然将"自立自强"的品质形而上学起来，固执地认为凡事必须自己来，结果往往在孤军奋战中功亏一篑。

就像我们熟悉的球队火箭，里面有的是我们佩服的明星，例如麦蒂，2007年的时候，季后赛首轮迎战爵士之前，麦蒂曾发表过著名宣言——"一切看我的！"不过最后却是爵士赢得了7场系列赛。2008年，常规赛只剩下最后一场对阵洛杉矶快船，也就是说，火箭又将面对他们不甚光彩的季后赛历史了。

当然，对于2007年的失误，麦蒂要承受很多的冷言冷语。

不过对于球迷的嘲讽，麦蒂却显得非常冷静，他说："我无法控制它，我只能用行动来回答那些问题，我会做我该做的，球迷的嘲讽不会影响我，当我年轻时或许会有点恼火，但是现在我已经在江湖里闯荡许久了。"

2008年开赛前，麦蒂改变了自己的言行，他这次真正意识到了团体，"这是一项团体运动，"麦蒂说，"我们要像一支球队那样去比赛、去竞争。我不是一个人，这就是我要和大家说的，不要让我一个人战斗。"

麦迪的球技不好吗，不是，谁都不会觉得他的球打得不好，但是个人英雄的形势似乎没有什么作用啊。有些人也许会说个人英雄也是存在的，例如电视里常有的那些超人、蜘蛛侠之类的，首先来说，这是一个虚构的人物，第二就是他们也不是单独战斗的，每次总是有人给他们做好准备。

一个人的战斗是打不好的，抗战的时候我们还需要有后勤的支援，还需要有人提供各种设备，等等。生活中，我们都离不开朋友、家人甚至是陌生人，有时候别人的一个眼神都可以给予你极大的鼓励。人是社会的人，单独的存在是没有意义的，千万不要觉得自己什么都行，幻想一个人能解决所有的问题，每个人都不是万能的神。有个笑话说得好，每天这么多人在祈祷，而且祈祷的内容也许刚好相反，万能的上帝也忙不过来了。

每个人都是社会的成员，社会的发展需要我们大伙团结努力，共同推进社会的进步。没有人能主宰世界，我们只有团结起来才能发挥整体的功能，共同创造世界的辉煌。就好比，一个公司要在市场中立于不败之地，就必须团结公司成员的力量，开拓创新，与时俱进，那么这个公司才会不断地发展，不断地壮大。团结的力量就显而易见了。

今天的时代是市场经济时代，市场经济是广泛的交往经济，离不开与各种类型的人合作；今天的时代是竞争的时代，只有选择合作，才能成为最具竞争力的一族；今天的时代是全球一体化的时代，要成为国际人，更需要高超的合作能力。没有合作能力，就不可能适应我们这个时代。成功者善于与别人合作，也乐于与别人合作，这样才使得他们发挥出千百倍于自己的能量，成就不一样的伟业。

1904年夏天，美国即将举行世界博览会，有一个制作糕点的小商贩把自己的糕点工具搬到了会展地点路易斯安那州。庆幸的是，他被政府允许在会场的外面出售他的薄饼。

他的薄饼生意实在糟糕，而和他相邻的一位卖冰淇淋的商贩生意却好得不得了，一会儿工夫就售出了许多冰淇淋，很快他把带来的用来装冰淇淋的小碟子用完了。

心胸宽广的糕饼商贩见状，就把自己的薄饼卷成锥形，让它来盛放冰淇淋。卖冰淇淋的商贩见这个方法可行，便要了大量的薄饼，大量的锥形冰淇淋便进入客商们的手中。令他们意料不到的是，这种锥形的冰淇淋被客商们看好，而且被评为"世界博览会的真正明星"。

从此，这种锥形冰淇淋开始大行其道，这就是现在的蛋卷冰淇淋。它的发明被人们称为"神来之笔"，有人这样假设，如果两个商铺不靠在一起，那么今天我们能不能吃上蛋卷冰淇淋也很难说。

两个小商贩简单的合作竟然为世界创造了如此美味的经典，我们是不是也应当反思一下，自己是否也曾错过了很多只要合作就可以创造奇迹的机会呢？

每个人的能力和时间都是有限的，凡事自己来、完全不靠别人帮助的人是走不了多远的。一根筷子容易被折断，一棵独木也构不成森林。兄弟一心，其利断金。只有学会与他人合作，才能将自己的力量放大千百倍，就像杠杆一样，撬动磐石。

今天的时代要求我们广泛合作，我们也只能适应时代的要求，没有人能够独自成功；唱独角戏，当独行侠，的确不能成大事。

只有运用合力，善于合作，才有强大的力量，才能把蛋糕做大，把事业做大、做强。这就迫切要求我们每个人都具有合作能力。合作能力，指在工作、事业中所需要的协调、协作能力。其突出的特点是指向工作和事业，这正是许多企业、组织极端重视员工的合作能力的原因所在。

·········极简经济学·········
雷鲍夫法则

雷鲍夫法则从语言沟通的角度，言简意赅地揭示了建立合作与信任的规律。当你着手建立合作和信任时，要牢记语言中：

1. 最重要的八个字是：我承认我犯过错误。

2. 最重要的七个字是：你干了一件好事。

3. 最重要的六个字是：你的看法如何？

4. 最重要的五个字是：咱们一起干！

5. 最重要的四个字是：不妨试试！

6. 最重要的三个字是：谢谢您！

7. 最重要的两个字是：咱们……

8. 最重要的一个字是：您……

53 在没有100%的胜算时，及早退出是明智的选择

协和谬误：不要为打翻的牛奶哭泣

假设你是一家科学仪器公司的总裁，正在进行一个新的仪器开发项目。据你所知，另外一家科学仪器公司已经开发出了类似的仪器。通过那家公司的仪器在市场上的销售情况可以预计，如果继续进行这个项目，公司有将近90%的可能性损失500万元，有将近10%的可能性盈利2500万元。到目前为止，项目刚刚启动，还没花费什么钱。从现阶段到产品真正研制成功能够投放市场还需耗资50万元。你会把这个项目坚持下去还是现在放弃？

10%的可能性会盈利2500万元，90%的可能会损失500万元，而且该项目还没有任何投资。正常人会选择放弃。

让我们再来看下面这道题：你同样是这家科学仪器公司的总裁，对于这个新的仪器开发项目，你们已经投入了500万元，只要再投50万元，产品就可以研制成功，正式上市了。成败的概率与上述案例相同，你会把这个项目坚持下去还是放弃？

除了你已经投入500万元之外，第2个问题与前1个问题是完全一样的。既然已经懂得了沉没成本误区，我想你对以上两道题应该会做出一致的决定。

但是把这两道题分别给老板们做，那些企业老总们绝大多数对第2题的回答是"坚持继续投资"。他们认为已经投了500万元，再怎么样也要继续试试看，说不定运气好可以收回这个成本。殊不知，为了这已经沉没的500万元，他们将有90%的可能非但收不回原有投资，还会再赔上50万元啊。

在经济学上，我们把那些已经发生、不可回收的支出，如时间、金钱、精力，称为"沉没成本"。这个意思就是说，你在正式完成交易之前投入的成本，一旦交易不成，就会白白损失掉。从理性的角度来说，沉没成本不应该影响我们的决策，然而，挽回成本的心理作用往往在博弈中让人做出非理性的决策，从而导致更大损失。博弈论专家经常将这种困境中的博弈称之为协和谬误。

举个简单的例子就可以看出协和谬误的危害有多么大：假设你买进一只股票，股价下跌；于是你又在这个价位买进（股民称此为"摊平"），可是它又下跌……你再次购买的本意是减少损失，可是却越陷越深！

对于协和谬误的博弈来说，在没有100%胜算的把握下，及早退出是明智的选择。如果你不及时收脚回来，那你可能血本无归！

20世纪60年代，英国和法国政府联合投资开发大型超音速客机，即协和飞机。开发一种新型商用飞机简直可以说是一场豪赌。单是设计一个新引擎的成本就可能高达数亿美元，想开发更新更好的飞机，实际上等于把公司作为赌注押上去。难怪政府会被牵涉进去，竭力要为本国企业谋求更大的市场。

该种飞机机身大，设计豪华，并且速度快。但是，英法政府发现：继续投资开发这样的机型，花费会急剧增加，但这样的设计定位能否适应市场还不知道；而停止研制将使以前的投资付诸东流。随着研制工作的深入，他们更是无法做出停止研制的决定。协和飞机最终研制成功，但因飞机的缺陷（如耗油大，噪音大，污染严重，等等），成本太高，不适合市场竞争，最终被市场淘汰，英法政府为此蒙受很大的损失。在这个研制过程中，如果英法政府能及早放弃飞机的开发工作，会使损失减少，但他们没能做到。

不久前，英国和法国航空公司宣布协和飞机退出民航市场，才算是从这个无底洞中脱身。这也是"壮士断腕"的无奈之举。

无独有偶，在中国的航空工业历史上，也有过类似的例子。

中国航空工业第一集团公司在2000年8月决定，今后民用飞机不再发展干线飞机，而转向发展支线飞机。这一决策立时引起广泛争议。

该公司与美国麦道公司于1992年签订合同合作生产MD90干线飞机。1997年项目全面展开，1999年双方合作制造的首架飞机成功试飞，2000年第二架飞机再次成功试飞。

就在此时，MD90项目下马了。在各种支持或反对的声浪中，讨论的角度不外乎两个方面：一是基于中国航空工业的战略发展，二是基于项目的经济因素考虑。在这里不想就前一角度展开讨论，只有航空专家才在这方面最有发言权。单从经济角度看，干线项目上马、下马之争可以说为"沉没成本"提供了最好的案例。

许多人反对干线飞机项目下马的一个重要理由就是，该项目已经投入数十亿元巨资，上万人倾力奉献，耗时六载，在终尝胜果之际下马造成的损失实在太大了。这种痛苦的心情可以理解，但丝毫不构成该项目应该上马的理由，因为不管该项目已经投入了多少人力、物力、财力，对于上下马的决策而言，其实都是无法挽回的沉没成本。

事实上，干线项目下马完全是"前景堪忧"使然。从销路看，原打算生产150架飞机，到1992年首次签约时定为40架，后又于1994年降至20架，并约定由中方认购。但民航只同意购买5架，其余15架没有着落。可想而知，在没有市场的情况下，继续进行该项目会有怎样的未来收益？

然而就是这个已经沉没了的成本，却还让许多不明就里的人难以割舍。他们把它当作"鸡肋"，食之无味而又弃之可惜。实际上这些人不明白：沉没成本永远是决策的非相关成本，与其相伴随的机会成本才是决策相关成本，需要在决策时予以考虑。

沉没成本和机会成本之所以会对决策产生这样微妙的作用，原因就在于机会成本不是现实的成本，是隐性的，而沉没成本却是实实在在的，让人有一种"割肉"的痛楚。成本沉没在水里着实令人感到可惜，然而伤心懊悔不是于事无补吗？还不如适时放弃，抓紧时间，创造更多的价值出来。

协和谬误给我们的直接警示就是，在投资时应该注意：如果发现是一项错误的投资，就应该立刻悬崖勒马，尽早回头，切不可因为顾及沉没成本，错上加错。事实上，这种为了追回沉没成本而继续追加投资导致最终损失更多的例子比比皆是。许多公司在明知项目前景暗淡的情况下，依然苦苦维持该项目，原因仅仅是因为他们在该项目上已经投入了大量的资金（沉没成本）。

摩托罗拉的铱星项目就是沉没成本谬误的一个典型例子。摩托罗拉为这个项目投入了大量的成本，后来发现这个项目并不像当初想象的那样乐观。可是，公司的决策者一直觉得已经在这个项目上投入了那么多，不能半途而废，所以仍苦苦支撑。但是后来事实证明这个项目是没有前途的，所以最后摩托罗拉只能忍痛接受了这个事实，彻底结束了铱星项目，并为此损失了大量的人力、财力和物力。

现实经济中，陷入协和谬误困境的投资项目比比皆是，投资过半，行情却急转直下。到底是继续投资还是决然退出，总是令投资决策者左右为难。实际上，一个理性的经济人在做出决策的时候，总是要涉及"沉没成本"和"机会成本"。然而现实中往往由于决策者思维的错位，将这两种成本相混淆，反而做出了不利的选择。

走出协和谬误的怪圈其实并不难，只要你敢于放弃，有胆量、有勇气经历失败，不要为打翻的牛奶哭泣，对不可追求的东西要及时放手，做一个敢于放弃的聪明人。

在一次关于生活艺术的演讲中，教授拿起一个装着水的杯子，问在座的听众："猜猜看，这个杯子有多重？"

"50克""100克""125克"……大家纷纷回答。

"我也不知有多重，但可以肯定人拿着它一点不会觉得累。"教授说，"现在，我的问题是：如果我这样拿着几分钟，结果会怎样？"

"不会有什么。"大家回答。

"那好。如果像这样拿着，持续一个小时。那又会怎样？"教授再次发问。

"胳膊会有点酸痛。"一名听众回答。

"说得对。如果我这样拿着一整天呢？"

"那胳膊肯定变得麻木，说不定肌肉会痉挛，到时免不了要到医院跑一趟。"另外一名听众大胆说道。

"很好。在我手拿杯子期间，不论时间长短，杯子的重量会发生变化吗？"

"没有。"

"那么拿杯子的胳膊为什么会酸痛呢？肌肉为什么可能痉挛呢？"教授顿了顿又问道："我不想让胳膊发酸、肌肉痉挛，那该怎么做？"

"很简单呀。您应该把杯子放下。"一名听众回答。

"正是。"教授说道，"其实，生活中的问题有时就像我手里的杯子。我们埋在心里几分钟没有关系。如果长时间地想着它不放，它就可能侵蚀你的心力。日积月累，你的精神可能会濒于崩溃。那时你就什么事也干不了了。"

教授这番话的另一层含义是，如果你手中的成本正在逐渐增加，你越来越感到吃力的话，你应该及时放弃。否则，你的身心将被拖垮。选择放弃很难受，但是不放弃，则更加痛苦。

·········· 极简经济学 ··········
止损与鳄鱼法则

鳄鱼法则的原意是：假定一只鳄鱼咬住你的脚，如果你用手去试图挣脱你的脚，鳄鱼便会同时咬住你的脚与手。你愈挣扎，会被咬住越多。所以，万一鳄鱼咬住你的脚，你唯一的机会就是牺牲一只脚。在股市里，鳄鱼法则就是：当你发现自己的交易背离了市场的方向，必须立即止损，不得有任何延误，不得存有任何侥幸。

54 谈判时僵持的时间太长，会导致利益缩水

蛋糕博弈：既要把蛋糕做大，又要把蛋糕分好

假设桌子上放着一个冰淇淋蛋糕，两个孩子A和B在分配方式上讨价还价的时候，蛋糕在不停地融化。假设每经历一轮谈判，蛋糕都会缩小一半。

这时，讨价还价的第一轮由A提出分蛋糕的方法，B接受条件，则谈判成功；若B不接受条件就进入第二轮谈判。第二轮由B提出分蛋糕的方法，A接受条件，则谈判成功，如果不接受蛋糕便完全融化。

对于A来说，刚开始提出的要求非常重要，如果他提出的条件，B不能接受的话，蛋糕就会融化一半，即使第二轮谈判成功了，也有可能还不如第一轮降低条件来的收益大。因此，经过再三考虑，明智的A在第一阶段的初始要求一定不会超过蛋糕的1/2，而同样明智的B也会同意A的要求。

这个问题就是著名的蛋糕博弈，也就是分配问题。分蛋糕的故事在很多领域都有应用。无论在日常生活、商界还是在国际政坛，有关各方经常需要讨价还价或者评判对总收益如何分配，这个总收益其实就是一块大"蛋糕"。

这块大"蛋糕"如何分配呢？我们知道最可能实现一半对一半的公平分配的方案，是让一方把蛋糕切成两份，而让另一方先挑选。在这种制度设置之下，如果切得不公平，得益的必定是先挑选的一方。所以负责切蛋糕的一方就得把蛋糕切得公平，才能让博弈的双方都满意。

但是，这个方案极有可能是无法保证公平的，因为人们容易想象切蛋糕的一方可能技术不老到或不小心切得不一样大，从而不切蛋糕的一方得到比较大的一半的机会增加。按照这样的想象，谁都不愿意做切蛋糕的一方。虽然双方都希望对方切，自己先挑，但是真正僵持的时间不会太长，因为僵持时间的损失很快就会比坚持不切而挑可能得到的好处大。也就是说，僵持的结果会得不偿失，会出现收益缩水的现象。

对于处于蛋糕博弈局面的人来说，无非就两种选择：第一是将现有的蛋糕分配得尽量公平，让大家满意；第二就是想办法将蛋糕"做大"，让每个人都能分到更多的蛋糕，大家就都满意了。

在分蛋糕的过程中，一定要注意讨价还价，千万不要让自己应得的利益白白被别人侵占。这就需要动用智慧，维护自己的权利和利益。台湾著名作家刘墉在《我不是教你诈》中讲了这样一个故事：

从乡下的老房，搬进台北的高楼，小李真是兴奋极了。楼高十八层，小李住十七楼，站在阳台上，正好远眺市中心的十里红尘。唯一美中不足的是小李那十几盆花。阳台朝北，不适合种。适合种的是东侧，却只有窗，没阳台。

"何不钉个花架呢？什么都解决了！"有朋友建议，并介绍了专门制作花架的张老板给小李。

只是自从钉了花架，虽然还没有钉上去，小李却一直做噩梦。梦见花架钉得不牢，花盆又重，突然垮了下去，直落十七层楼，正好落到路人的头上，当场脑浆四溅……

　　小李满身冷汗地惊醒，走到窗前，把头伸出去往下看。深夜两点了，居然还人来人往，热闹非常。想想！这时候花盆掉下去，都得砸死人。要是大白天出了事，还不得死一堆？

　　想到这儿，小李打了个寒战。可是花架已经订了，花盆又没处放，看样子，是非钉不可了。

　　钉花架的那天，小李特别请假，在家监工。

　　张老板果然是老手，十七层的高楼，他一脚就伸出窗外，四平八稳地骑在窗口。再叫徒弟把花架伸出去，从嘴里吐出钢钉往墙上钉。

　　张老板活像变魔术似的，不知道嘴里事先含了多少钉子，只见他一伸手就是一支，也不晓得钉了多少。突然跳进窗内：

　　"成了，你可以放花盆了。"

　　"这么快！够结实吗？花盆很重的！"小李不放心地问。

　　"笑话！我们三个人站上去跳，都撑得住，保证20年不是问题，出了问题找我。"张老板豪爽地拍拍胸口。

　　"这可是你说的。"小李马上找了张纸，又递了纸笔给张老板，"麻烦你写下来，签个名。"

　　"什么？你要……"张老板好像不相信自己的耳朵。可是，看小李一脸严肃的样子，又不好不写，正犹豫，小李说话了：

　　"如果你不敢写，就表示不结实。这样掉下去，可是人命关天，不结实的东西，我是不敢收的。"

　　"好！我写，我写。"张老板勉强地写了保证书，搁下笔，对徒弟一瞪眼，"把家伙拿出来，出去！再多钉几根长钉子，出了事，咱可要吃不了兜着走了。"

　　说完，师徒两人又足足忙活了半个多钟头，检查再检查，才气喘吁吁地离去。

　　故事中的小李考虑到了一点，就是未来很可能出现花架不结实的问题，于是他抓住了张老板的一句话，在自己还能和他讨价还价的时候，达成了协议，从而保护了自己的利益，避免未来可能存在的质量问题。保护自己讨价还价的能力，就是保护自己的利益。在生活中，这一点尤为重要。如果你是买家，你的优势策略就是等验完商品再付款；如果你是卖家，就应该争取对方先支付部分货款再交货。总之，一定要牢牢保护好自己的利益，千万不能让属于自己的蛋糕被别人分走！

　　从另一个角度来看，社会总是在变化的，如果你总是固守着属于自己的蛋糕，那么可能等着等着你的蛋糕就变馊了；或者你待在原地不动以为自己拿了铁饭碗，可能到头来你只能拿着可怜的口粮，眼巴巴地看着别人获得更好的收益。如果你想与时俱进，就得学会将自己的蛋糕做大。

　　对于很多小企业来说，一开始根本就不是分蛋糕的问题，而是没有蛋糕可以分，所以需要尽快做出属于自己的蛋糕来，然后再下工夫将蛋糕做大，这样才能走上一个企业的成长、强大之路。

··········极简经济学··········
先小人，后君子

　　字面意思为先做小人，后做君子。指先把计较利益得失的话说在前头，然后再讲情谊。引申为生意谈妥之前该注意的事项都要提前说好，免得开始很大方随和，什么条件都答应，后期做不到时又损人不利己。

55 你以为你以为的就是你以为的吗？

不完全信息博弈：占有信息的多少决定博弈结果的优劣

　　一个古董商发现一个人用珍贵的茶碟做猫食碗，于是假装对这只猫十分喜爱，要从主人手里买下。猫主人不卖，为此古董商出了大价钱。

　　成交之后，古董商装作不在意地说："这个碟子它已经用惯了，就一块送给我吧。"

　　猫主人不干了："你知道用这个碟子，我已经卖出多少只猫了？"

　　这就是一个"信息博弈"的例子。古董商掌握"碟子是古董"这个信息，他认为猫主人不知道，这种"信息不对称"对他有利；可他万万没想到，猫主人不但知道，而且利用了他"认为对方不知道"的错误大赚了一笔。

　　信息是博弈论中重要的内容。从知识的拥有程度来看，博弈分为完全信息博弈和不完全信息博弈。完全信息博弈是指参与者对所有参与者的策略空间及策略组合下的支付有"完全的了解"，否则是不完全信息博弈。严格地讲，完全信息博弈是指参与者的策略空间及策略组合下的支付，是博弈中所有参与者的"公共知识"的博弈。对于不完全信息博弈，参与者所做的是努力使自己利益最大化。

和上文中买猫的古董商一样，信息不对称造成的劣势，几乎是每个人都要面临的困境。谁都不是全知全能，那么怎么办？

为了避免这样的困境，我们应该在行动之前，尽可能掌握有关信息。人类的知识、经验等，都是这样的"信息库"。古诗有云："不识庐山真面目，只缘身在此山中。"这句诗，映射出信息博弈中的一种常见情况，就是在博弈中，往往会出现某一方所知道的信息而对方不知道的情况，这种信息就是拥有信息一方的私有信息。正是有这种私有信息的存在，才会出现信息不对称的现象，从而导致博弈双方一个占优，一个占劣。

阿尔及利亚位于非洲和撒哈拉大沙漠的西部，北临地中海，与西班牙和法国隔海相望，是非洲面积第二大的国家。1830年，法国侵略阿尔及利亚。经过多年战争，法国于1905年占领阿尔及利亚全境。在后来的五六十年间，阿尔及利亚人民奋起反抗，要求独立。法国政府为了镇压阿尔及利亚人民的反抗，派去了不少军队，动用了不少财力和物力。

20世纪60年代初，法国在阿尔及利亚的战争泥潭中越陷越深，总统戴高乐决定同阿尔及利亚人谈判，以便尽快结束战争。然而，驻守在阿尔及利亚的殖民军军官们却密谋发动政变，以阻止戴高乐的和平计划。为瓦解兵变，戴高乐以慰问为名义，向驻守在阿尔及利亚的军人发了几千架晶体管收音机，供士兵收听。这个做法得到了军官们的肯定，他们认为这并非坏事。

然而，就在正式会谈开始的那天夜里，收音机里传来了戴高乐总统的声音："士兵们，你们面临着忠于谁的抉择。我就是法兰西，就是它命运的工具，跟我走，服从我的命令……"这声音，这语气，跟当年戴高乐流亡国外，号召法国人民反击德国法西斯时的声音一样。过去他们跟着戴高乐，取得了反法西斯战争的胜利，今天还能有别的选择吗？于是，大部分士兵已经发现事态的真相，都开了小差，整个兵营变得空空荡荡。军官们只好放弃兵变的图谋。

由于博弈双方对信息的掌握通常是不对称的，获得信息优势的人会占据上风，他可以通过披露信息的方式来改变双方的资源配置情况，从而实现影响博弈的结果。戴高乐正是通过披露信息，不费一枪一弹便成功地控制了局面，赢得了政治上的一大胜利。

信息传递不光是一门科学，甚至已经成为了一种博弈智慧。如何获得信息、利用信息，是决策者进行博弈决策的一个关键。如果能把信息准确快速地传递出去，就可能为自己赢得成功的机会；反之，如果传递的是错误信息，就会导致失败。

有这样一个故事，据说美军在1910年一次部队的命令传递中闹了很大的笑话。

一天，营长对值班军官说："明晚大约八点钟左右，哈雷彗星将可能在这个地区看到，这颗彗星每隔七十六年才能看见一次。命令所有士兵着野战服在操场上集合，我将向他们解释这一罕见的现象；如果下雨的话，就在礼堂集合，我为他们放一部有关彗星的影片。"

值班军官对连长说："根据营长的命令，明晚八点哈雷彗星将在操场上空出现。如果下雨的话，就让士兵穿着野战服列队前往礼堂，这一罕见的现象将在那里出现。"

连长对排长说："根据营长的命令，明晚八点，非凡的哈雷彗星将身穿野战服在礼堂中出现。如果操场上下雨，营长将下达另一个命令，这种命令每隔七十六年才会出现一次。"

排长对班长说："明晚八点，营长将带着哈雷彗星在礼堂中出现，这是每隔七十六年才有的事。如果下雨的话，营长将命令彗星穿上野战服到操场上去。"

班长对士兵说："在明晚八点下雨的时候，著名的七十六岁的哈雷将军将在营长的陪同下身着野战服，开着他那辆彗星牌汽车，经过操场前往礼堂。"

这是一个很好笑的笑话，信息在传递的过程中，从上到下不断发生变化，最后传到底层士兵耳朵里的，是令人啼笑皆非的信息。在现实生活中，也有同样的例子，信息在"上传"与"下达"的过程中必然会出现误差，常常因为这样的差异导致很大的损失。因此，为了避免这样的事情发生，一定要制定有效的信息传递方式，确保信息在传递过程中不会被误解、被误传，引致更大的损失。

我们并不一定知道未来将会遇到什么问题，但是你掌握的信息越多，正确决策的可能就越大。再来看一个故事：

有一天，一个卖草帽的人叫卖归来，到路边的一棵大树旁打起瞌睡。等他醒来的时候，发现身边的帽子都不见了。抬头一看，树上有很多猴子，而且每一只猴子的头上都有顶草帽。他想到猴子喜欢模仿人的动作，于是就把自己头上的帽子拿下来，扔到地上；猴子也学着他，将帽子纷纷扔到地上。于是卖帽子的人捡起地上的帽子，回家去了。后来，他将此事告诉了他的儿子和孙子。

很多年之后，他的孙子继承了卖帽子的家业。有一天，他也在大树旁睡着了，而帽子也同样被猴子拿走了。孙子想到爷爷告诉自己的办法，他拿下帽子扔到地上。可是猴子非但没照着做，还把他扔下的帽子也捡走了，临走时还说：我爷爷早告诉我了，你这个老骗子会玩什么把戏。

信息的不对称，决定了掌握信息的人比没有掌握信息的人更具有优势，在经济领域，这种利用信息不对称而赚取丰厚回报的做法比比皆是。例如在股市中，有可靠信息来源的人，就比无信息来源的人更容易赚到钱。既然信息对博弈决策至关重要，那么，对于每个人来说，掌握信息是一种必不可少的人生智慧。而财富就隐藏在信息中，看你能不能把握它，能不能应用它做出正确的判断。

羊皮卷上有一句很著名的话，可以用来说明财富就隐藏在信息中："即使是风，也要嗅一嗅它的味道，你就可以知道它的来历"。在当今这个信息瞬息万变的时代，关注信息就是关注金钱，任何的风吹草动都有可能包含着让我们成功的信息。信息已经成为这个时代的决定性力量，及时拥有信息的人，才能拥有财富。在当今社会里，什么都是用信息来衡量的，信息已经成为了这个时代的象征。

············ 极 简 经 济 学 ············
信息披露制度

　　也称公示制度、公开披露制度，是上市公司为保障投资者利益、接受社会公众的监督而依照法律规定必须将自身的财务变化、经营状况等信息和资料向证券管理部门和证券交易所报告，并向社会公开或公告，以便使投资者充分了解情况的制度。它既包括发行前的披露，也包括上市后的持续信息公开，它主要由招股说明书制度、定期报告制度和临时报告制度组成。

　　世界上，信息披露制度最完善最成熟的立法在美国。1929年华尔街证券市场的大阵痛，以及阵痛前的非法投机、欺诈与操纵行为，促使了美国联邦政府1933年的《证券法》和1934年的《证券交易法》的颁布，明确了对上市公司信息披露的法律规定。

56 理性的人，也会选择碰运气

最后通牒博弈：人们会根据期望效益最大原则来决策

　　1982年，在德国柏林洪堡大学经济学系的古斯等三位教授的支持下，42名学生每两人一组参加了一项名为"最后通牒"的有趣的博弈论实验。

　　在实验中，两个人分4马克。其中一个人扮演提议者提出分钱方案，他可以提议把0和4之间任何一个钱数归另一人，其余归他自己。另一人则扮演回应者，他有两种选择：接受或拒绝。若是接受，实验者就按他们所提方案把钱发给两人。若是拒绝，钱就被实验者收回，两个人分文都拿不到。

　　在实验中，提议者和回应者都不知道对方是谁。这个实验重复了两次。在第一次实验中提议者提出给回应者的比例平均为37%，共有2个提议被拒绝。1周以后重复进行第二次实验，经过1周的思考以后，第二次实验共有5个提议被拒绝。

　　这是著名的最后通牒博弈实验。实验结果显示，不论是对提议者还是对回应者的行为，博弈论对最后通牒博弈没有得出一个有说服力的解释，而且不能对现实世界中人们的真实行为做出满意的预测。主持实验的古斯教授等人最后发现，原因在于受试者是依赖其公平观念而不是利益最大化来决定其行为的。

"最后通牒"一般用于处于敌对状态中的军事策略之中。但是，在人们日常的经济行为中最后通牒作为一种竞争策略与手段也起着重要作用，它既代表谈判过程的最后状态，也代表谈判过程本身。

最后通牒博弈在生活中的一个典型例子是"彩票问题"。理性的人是使自己的效益最大的人，如果在信息不完全的情况下则是使自己的期望效益最大的人。但是这难以解释现实中人们购买彩票的现象。人们愿意掏少量的钱去买彩票，如买福利彩票、体育彩票等，以博取高额的回报。在这样的过程中，人们自己的选择理性发挥不出来，唯有靠运气。

在这个博弈中，人们要在决定购买彩票还是决定不买彩票之间进行选择，根据理性人的假定，选择不买彩票是理性的，而选择买彩票是不理性的。

彩票的命中率肯定低，并且命中率与命中所得相乘肯定低于购买的付出，因为彩票的发行者早已计算过了，他们通过发行彩票将获得高额回报，他们肯定赢。在这样的博弈中，彩票购买者是不理性的：他未使自己的期望效益最大。但在社会上有各种各样的彩票存在，也有大量的人来购买。可见，理性人的假定是不符合实际情况的。

当然也可以给出这样一个解释：现实中人的理性的计算能力往往用在不符合实际情况的"高效用"问题上，而在"低效用"问题上，理性往往失去作用。对于人来说，存在着"低效用区的决策陷阱"。在购买彩票问题上，付出少量的金钱给购买者带来的损失不大，损失的效用几乎为零，而所能命中的期望也几乎是零。这时候，影响人抉择的是非理性的因素。比如，考虑到如果自己运气好的话，可以获得高回报，这样可以给自己带来更大的效用等。彩票发行者正是利用人存在"低效用区的决策陷阱"来寻求保证赚钱的获利途径。

极简经济学
最后通牒博弈

　　最后通牒博弈，是指一方向另一方提出的不容商量的或没有任何先决条件的建议，是一种由两名参与者进行的非零和博弈。在这种博弈中，一名提议者向另一名响应者提出一种分配资源的方案，如果响应者同意这一方案，则按照这种方案进行资源分配；如果不同意，则两人没法得到资源。

57 先发优势与后发制人

枪手博弈：你能否幸存不仅要看你的本事，还要看你威胁到了谁

彼此痛恨的甲、乙、丙三个枪手准备决斗。甲枪法最好，十发八中；乙枪法次之，十发六中；丙枪法最差，十发四中。现在来推断一下：如果三人同时开枪，并且每人只发一枪；第一轮枪战后，谁活下来的机会大一些？

一般人认为甲的枪法好，活下来的可能性大一些。但合乎推理的结论是，枪法最糟糕的丙活下来的几率最大。

下面来分析一下各个枪手的策略。枪手甲一定要对枪手乙先开枪。因为乙对甲的威胁要比丙对甲的威胁更大，甲应该首先干掉乙，这是甲的最佳策略。同样的道理，枪手乙的最佳策略是第一枪瞄准甲。乙一旦将甲干掉，乙和丙进行对决，乙胜算的概率自然大很多。枪手丙的最佳策略也是先对甲开枪。乙的枪法毕竟比甲差一些，丙先把甲干掉再与乙进行对决，丙的存活概率还是要高一些。

通过概率分析，发现枪法最差的丙存活的几率最大，枪法好于丙的甲和乙的存活几率远低于丙的存活几率。

在西方政治竞选活动中也会看到有关枪手博弈的影子。只要存在数目庞大的竞争对手，实力顶尖者往往会被实力稍差的竞选者反复攻击而弄得狼狈不堪，甚至败下阵来。等到其他人彼此争斗并且退出竞选的时候，实力稍差的再登场亮相，形势反而更加有利。

因此，幸存机会不仅取决于你自己的本事，还要看你威胁到的人。一个没有威胁到任何人的参与者，可能由于较强的对手相互残杀而幸存下来。就像上面提到的甲枪手虽然是最厉害的枪手，但他的幸存概率却最低。而枪法最差的枪手丙，如果采用最佳策略，反而能使自己得到最高的幸存概率。

博弈的精髓在于参与者的策略相互影响、相互依存。对于人们而言，无论对方采取何种策略，均应采取自己的最优策略！

·········· 极 简 经 济 学 ··········
占优策略

在企业各自的策略集中，如果存在一个与其他竞争对手可能采取的策略无关的最优选择，就称其为占优策略；与之相对的其他策略则为劣势策略，就是指无论竞争对手如何反应都属于本企业最佳选择的竞争策略。在公司的商务竞争过程中，具有占优策略的一方无疑拥有明显的优势，处于竞争中的主动地位。

58 当村里所有女人都偷情时，
丈夫们会做什么？

脏脸博弈：共同知识会引发奇怪的推理

　　故事发生在一个村庄，村里有100对夫妻，他们都是地道的逻辑学家。

　　但这个村里有一些奇特的风俗：每天晚上，村里的男人们都会点起篝火，绕圈围坐举行会议，议题是谈论自己的妻子。在会议开始时，如果一个男人有理由相信他的妻子对他总是忠贞的，那么他就在会议上当众赞扬她的美德。此外，如果在会议之前的任何时间，只要他发现妻子不贞的证据，那他就会在会议上悲鸣怯哭，并企求神灵严厉地惩罚她。如果一个妻子曾有不贞，那她和她的情人会立即告知村里除她丈夫之外所有的已婚男人。这个风俗虽然十分奇怪，但是人人遵守。

　　事实上，每个妻子都已对丈夫不忠。于是每个丈夫都知道除自己妻子之外其他人的妻子都是不贞的女子，因而每个晚上的会议上每个男人都赞美自己的妻子。这种状况持续了很多年，直到有一天来了一位传教士。传教士参加了篝火会议，并听到每个男人都在赞美自己的妻子，他站起来走到围坐圆圈的中心，大声地提醒说："这个村子里有一个妻子已经不贞了。"

在此后的99个晚上，丈夫们继续赞美各自的妻子，但在第100个晚上，他们全都悲鸣怯哭，并企求神灵严惩自己的妻子。

由上述故事可以引出脏脸博弈模型：

三个学生的脸都是脏的，但是他们各自都看不到自己的脸。老师对他们说，你们中至少有一个人的脸是脏的，请脏脸的学生举手。三个学生对视一番后无人举手，随即又都举手表明自己的脸是脏的。这是为什么？

下面可以还原一下他们的判断过程：

（1）三个学生对视后，都看到了另外两个人的脸是脏的，满足"至少一个脏脸"的判断，因此无人举手。

（2）三个学生都没有举手，这意味着每个人的眼中都看到了至少一个脏脸。但是，更重要的推断是，三个人中至少有两个脏脸。很简单，如果只有一个脏脸，那么肯定有人在第一步的时候就举手了。由于三个学生同样聪明，因此大家都得出了同样的推断。这个关键的推断就是三个人之间产生的共同知识。

（3）既然"至少两个脏脸"，从任何一个人的角度而言，他已经看到了两个脏脸，他仍然可以不举手。

（4）三个人都还是不举手，意味着三个人看到的都是两个脏脸，即所有人都是脏脸。因此，所有人都举手了。

这就是共同知识的作用。共同知识的概念最初由逻辑学家李维斯提出。对一个事件来说，如果所有博弈当事人对该事件都有了解，并且所有当事人都知道其他当事人也知道这一事件，那么该事件就是共同知识。事实上，在生活交际中，共同知识起着一种不可或缺的作用，只不过多数时候人们并没有留心而已。

举一个简单的例子：某人决定做一个体检，在经历抽血、B超等多方位检查后，发现有一项"屈光不正"需要去眼科诊疗。花了8元钱的挂号费后，根据指引去做光学检验，但仔细一看，原来就是配眼镜的地方。原来，"屈光不正"就是近视眼！"屈光不正"是医学工作者的共同知识，但一般人却并不清楚这样的知识，以至多花了冤枉钱。

由此可以看出，没有共同知识的博弈，会给整个社会无端增加许多交易成本。比如你去买菜，肯定知道猪肉比白菜贵，不过这是最浅显的共同知识。其实，这类知识无处不在。对于人们而言，多掌握一些共同知识，对于生活具有重要的意义。

·········· 极 简 经 济 学 ··········
共同知识

脏脸博弈强调共同知识，比如今天下雨，甲、乙两人都知道这个情况，但这并不是共同知识，真正的共同知识包括：甲明白乙知道今天下雨，乙也明白甲知道今天要下雨；并且甲要明白乙知道自己知道今天要下雨，乙也要明白甲知道自己知道今天会下雨。只有具备以上条件，甲、乙两人的公共知识才是"今天下雨"。也就是说，双方对某一件事必须达到相互间的完全了解，才能说这一事物是两人的共识。

59 今天你对我爱答不理，
明天我让你高攀不起

动态博弈：在前一刻最优的决策，在下一刻可能不再为最优

有这样一个故事，五个海盗抢得100枚金币，他们决定：

（1）抽签决定各人的号码（1，2，3，4，5）。

（2）由1号提出分配方案，然后5人表决，当且仅当超过半数同意时，方案通过，否则他将被扔入大海喂鲨鱼。

（3）1号死后，由2号提方案，4人表决，当且仅当超过半数同意时，方案通过，否则2号同样被扔入大海。

（4）以此类推……

假定每个海盗都是很聪明的人，都能很理智地判断得失，从而作出选择，那么1号提出怎样的分配方案才能够使自己的收益最大化呢？

问题的答案是：1号独得97块金币，不给2号，给3号1块，给4号或5号2块。可以写成（97，0，1，2，0）或者（97，0，1，0，2）。

1号这样做不是找死吗？不怕被其他人扔到海里去吗？事实上，这个方案是绝妙的。因为这5个海盗都是绝顶聪明的。

首先来看4号和5号是怎么想的：如果1号、2号、3号都喂了鲨鱼，只剩4号和5号的话。无论4号提出怎样的方案，5号都一定不会同意。因为只要5号不同意，就可以让4号去喂鲨鱼，那么自己就可以独吞全部金币。4号预见到这一结局，所以打定主意，不论怎样，唯有支持3号才能保命。而3号知道，既然4号的赞成票已在手中，那么就会提出自己独得100块金币的分配方案，对4号、5号一毛不拔。不过，2号料到3号的方案，他会提出（98，0，1，1）的分配，不给3号，给4号和5号各1块金币。因为这样对4号和5号来说比在3号分配时更有利，于是他俩将转而支持2号，不希望他出局。但是，1号比2号更占先机，只要他得到3票赞成，即可稳操胜券，如果他给3号1块金币，给4号或5号2块金币——这肯定要比2号给得多，那么，除了他自己的1票之外，他还能得到3号以及4号或5号的支持。这样他将不会被丢到海里去，并且还将拿到97块金币！

这个看起来似乎是自寻死路的方案实际上非常精确。其前提在于，五个强盗个个工于心计，能够准确地预测分配过程中每一步骤将会发生的变化。而且全都锱铢必较，能多得1块金币就绝不少得，能得到1块金币也绝不放弃。这是一场精彩的博弈。

上述海盗分金的故事其实就是一场动态博弈。动态博弈指参与者的行动有先后顺序，并且后采取行动的人可以知道先采取行动的人会采取什么行动。

动态博弈的困难在于，在前一刻最优的决策，在下一刻可能不再为最优，因此在求解上发生很大的困难。动态博弈行动有先后顺序，不同的参与人在不同时点行动，先行动者的选择影响后行动者的选择空间，后行动者可以观察到先行动者做了什么选择。因此，为了做最优的行动选择，每个参与人都必须这样思考问题："如果我如此选择，对方将如何应对？如果我是他，我将会如何行动？给定他的应对，什么是我的最优选择？"

在动态博弈中，每个局中人的举动显然是先根据对方的行动作出的，就如下棋一样，你走一步，对方走一步，行动策略上有一个先后顺序，这就大大地给了被动方反被动为主动的余地。

历史上著名的请君入瓮的故事也是动态博弈的经典实例。来俊臣问周兴说："囚犯多不肯招认，应该采取什么办法？"周兴说："这太容易了！抬个大瓮来，用炭火在四面烤，再叫犯人进到里面，还有什么能不招认！"于是来俊臣立即派人找来一口大瓮，按照周兴出的主意用火围着烤，然后站起来对他说："有人告你谋反，太后让我审查你，请老兄自己进到瓮里吧！"周兴大惊失色，只得叩头认罪。

众所周知，再精明的对手也会有猝不及防的死穴。在生活中，难免有遭遇小人之时，聪明人总是能够对自己的行动适时作出调整，化险为夷。

蝴蝶效应

对于这个效应最常见的阐述是：一只南美洲亚马孙河流域热带雨林中的蝴蝶，偶尔扇动几下翅膀，可以在两周以后引起美国德克萨斯州的一场龙卷风。其原因就是蝴蝶扇动翅膀的运动，导致其身边的空气系统发生变化，并产生微弱的气流，而这微弱气流的产生又会引起四周空气或其他系统产生相应的变化，由此引起一个连锁反应，最终导致其他系统的极大变化。

宏观经济学篇

宏观经济指总量经济活动，即国民经济的总体活动。是指国民经济总体及其经济活动和运行状态，如总供给与总需求、国民经济的总值及其增长速度、国民经济中的主要比例关系、物价的总水平、劳动就业的总水平与失业率、货币发行的规模与增长速度、进出口贸易的总规模及其变动等。

宏观经济学研究的主要目标是高水平和快速增长的产出率、低失业率和稳定的价格水平。

§60 自由市场经济，为何需要政府干预

凯恩斯乘数：可与爱因斯坦相对论相媲美的经济学发现

一场暴风雨过后，一家百货公司的玻璃被刮破了。

百货公司拿出5000元将玻璃修好。装修公司把玻璃重新装好后，得到了5000元，拿出了4000元为公司添置了一台电脑，其余1000元作为流动资金存入了银行。电脑公司卖出这台电脑后得到4000元，他们用3200元买了一辆摩托车，剩下800元存入银行。摩托车行的老板得到3200元后，用2650元买了一套时装，将640元存入银行。最后，各个公司得到的收入之和远远超出5000元这个数字。百货公司玻璃被刮坏而引发的一系列投资增长就是乘数效应。

所谓乘数是指这样一个系数，用这个系数乘以投资的变动量，就可得到此投资变动量所引起的国民收入的变动量。假设投资增加了100亿元，若这个增加导致国民收入增加300亿元，那么乘数就是3，如果所引起的国民收入增加量是400亿元，那么乘数就是4。

为什么乘数会大于1呢？比如某政府增加100亿元用来购买投资品，那么此100亿元就会以工资、利润、利息等形式流入此投资品的生产者手中，国民收入从而增加了100亿元，这100亿元就是投资增加所引起的国民收入的第一轮增加。这100亿元转化为工资、利息、利润、租金的形式，流入了为制造此投资品的所有生产要素所有者的口袋，因此，投资增加100亿元，第一轮就会使国民收入增加100亿元。随着得到这些资本的人将开始第二轮投资、第三轮投资，经济的增长就会以大于1的乘数增长。

在经济学中，乘数效应更完整地说是支出/收入乘数效应，是指一个变量的变化以乘数加速度方式引起最终量的增加。在宏观经济学中，指的是支出的变化导致经济总需求与其不成比例的变化，意指最初投资的增加所引起的一系列连锁反应，会带来国民收入的数倍增加。

"乘数效应"也叫"凯恩斯乘数"，事实上，在凯恩斯之前，就有人提出过乘数原理的思想和概念，但是凯恩斯进一步完善了这个理论。凯恩斯的乘数理论为西方国家从"大萧条"中走出来起到了重大的作用，甚至有人将其与爱因斯坦的相对论相提并论，认为20世纪两个最伟大的公式，就是爱因斯坦的相对论基本公式和凯恩斯乘数理论的基本公式。凯恩斯乘数理论对于宏观经济的重要作用在1929—1933年的世界经济危机后得到重视，一度成为美国大萧条后"经济拉动"的原动力。

在凯恩斯之前的西方经济学界，人们普遍接受以亚当·斯密为代表的古典学派的观点，即在自由竞争的市场经济中，政府只扮演一个简单而被动的角色——充当"巡夜警察"（守夜人）。凡是在市场经济机制作用下，依靠市场能够达到更高效率的事，都不应该让政府来做。国家机构仅仅执行一些必不可少的重要任务，如保护私人财产不被侵犯，但不直接插手经济运行。

然而，历史的事实证明，自由竞争的市场经济导致了严重的财富不均，经济周期性巨大震荡，社会矛盾尖锐。20世纪二三十年代爆发的全球性经济危机，就是自由经济主义弊病爆发的结果。因此，以凯恩斯为代表的一批凯恩斯主义者浮出水面，他们提出，现代市场经济的一个突出特征，就是政府不再仅仅扮演"巡夜警察"的角色，而是要充当一只"看得见的手"，平衡以及调节经济运行中出现的重大结构性问题。

相比于亚当·斯密的自由主义，凯恩斯主义认为，凡是政府调节能比市场提供更好服务的地方，凡是个人无法进行平等竞争的事务，都应该通过政府的干预来解决。凯恩斯强调政府的作用，政府可以协调社会总供需的矛盾，制定国家经济发展战略，进行重大比例的协调和产业调整。它最基本的经济理论，是主张国家采用扩张性的经济政策，通过增加需求促进经济增长。

1936年， J.M.凯恩斯发表了他的代表作：《就业、利息和货币的通论》。凯恩斯在刚撰写通论的时候就开始造舆论，他给戏剧家萧伯纳的信中曾提及此事，并颇为自负地说，此书也许会对世界上关于经济问题的思考方法发生革命，引得世人拭目以待。果然，该书一出，的确轰动一时，西方经济学界公认经济学发生了一场"革命"。之所以称为革命，是因为在某些方面有着重大突破。

1. 否定了传统经济学萨伊定律即"供给会自动创造需求"，因而不存在经济危机，明确承认经济危机的存在及严重破坏性。

2. 摒弃了传统经济学的亚当·斯密"看不见的手"的机理，不相信市场机制的完善性和协调性，认为经济危机不可能通过市场机制的自动调节而恢复均衡，坚决主张：采用强有力的政府干预，对严重的经济危机进行紧急抢救。

3. 否定了传统经济学在经济危机病因探索方面的"外因论"，转而寻找不稳定的内在结构，认为"有效需求不足"是主要原因，从考察生产就业和收入的决定因素入手，创立了有效需求原理及三大心理定律。

4. 开创了现代宏观经济分析，研究总就业量、总生产量和国民收入及其变动的原因，以区别于单个商品，单个厂商，单个消费家庭之经济行为的微观经济分析。

5. 摒弃传统的健全财政原则，主张扩张性财政政策，主张扩大政府开支，赤字预算和举债支出。

总之，凯恩斯"革命"的实质在于：以20世纪30年代的经济危机为时代背景，创建以需求管理的政府干预为中心思想的收入分析宏观经济学。它对市场经济的发展以及对现代政府职能的转变都产生了巨大而深远的影响。

··········**极简经济学**··········
失落的"凯恩斯乘数"

2008年经济危机以来，各国政府屡次出手救市，效果却一次比一次差，甚至完全呈现副作用。进入2013年，美联储开始了货币政策退出。美联储的负利率环境结合大量注资，都未能实现刺激经济增长，原因在于凯恩斯乘数。如果乘数小于1，则投资得不偿失，通常会被很多人认为是"负数"。美国GDP自2008年以来的7年，平均变化和凯恩斯乘数有着非常高的相关性，但都是负数。截至2013年底，中国的凯恩斯乘数尚未变负，对于信贷刺激，GDP还是有一些反应的。但坏消息是：中国的GDP增长对信贷注入的反应已经越来越弱。

§61 经济萧条的时候，必须唤醒人们消费的欲望

总供给与总需求：吃喝玩乐的人对经济增长贡献更大

在第二次世界大战刚刚结束的时候，日本的经济濒临崩溃。当时有一位德高望重的老僧，突然一反常态，带头吃喝玩乐起来。这和战后的悲惨气氛格格不入，和他有德高僧的身份就更不相符了。但是，当时的著名作家、诺贝尔文学奖的获得者川端康成和其他的一些文化名流却对这位老僧的所作所为十分推崇，因为当时的日本战败，很多人对未来和生活失去了信心。老僧在做的事情，就是鼓舞人们去享受人生，希望唤醒人们对生活的兴趣。只有人们开始热爱人生了，才能谈得上重建家园，后来日本的经济发展证实了这一点。

在经济萧条时，当总供给大于总需求的时候，也就是社会的需求已经远远小于社会的供给时，必须唤醒人们的消费欲望，才能增加生产，复苏经济。上述案例中，老僧带头吃喝玩乐就是为了刺激大家的消费欲望，增加生产，让社会的总需求与供给大致平衡。

总供给与总需求是宏观经济学中的一对基本概念。总供给是经济社会的总产量（或总产出），它描述了经济社会的基本资源用于生产时可能有的产量。总供给主要是由生产性投入（最重要的是劳动与资本）的数量和这些投入组合的效率（即社会的技术）所决定的。

在现代经济中，如果社会总需求大于社会总供给，意味着市场处于供求的紧张状态，物价上涨和社会不稳定；如果社会总需求小于社会总供给，意味着市场处于疲软状态，企业开工不足，失业率上升和经济萧条。一般政府通过经济手段和行政手段调节经济运行，使经济在社会总供求完全均衡的基础上运行。

乾隆三十三年，两淮盐政的尤拔世上书奏报，指责当地盐商挥霍成性，引发奢靡之风，请求乾隆皇帝对他们加以惩处，并力荐安养民生，应当倡导节俭。乾隆看此奏章后，不以为意，遂批示"此可不必，商人奢用，亦养无数游手好闲之人。皆令其敦俭，彼徒自封耳。此见甚鄙迂"。这几句话是说，富商们奢侈消费能够增加就业，供养更多闲散之人。若让他们节俭，反倒对百姓没有好处。如此看来，富商的消费有什么不对？又有什么理由要加以禁止？乾隆的一番说辞，让大臣们茅塞顿开，从此不再提禁奢之事。

从历史上看，乾隆皇帝的这一主张的确是明智之举。富人的积极消费极大地刺激了清朝的经济发展，并促生了有名的康乾盛世。也是从这个案例中，后人提出了这样的主张——鼓励富人消费。

大多数富人的消费花的都是自己的收入，并不对其他人造成危害，为什么不鼓励呢？从宏观层面来说，社会经济有供给有需求，两者维持着整体平衡，当富人减少消费，必然会引起需求不足，从而导致供给过剩，最终危害社会经济运行状况。

如果总供给与总需求不平衡，市场价格就会脱离市场价值而偏向某一个方面，这就不会反映社会需求的实际情况，经济结构就不会协调，经济运行就不会正常。在总供给与总需求的矛盾中，总需求往往是矛盾的主要方面，因此，应该把调控总需求作为重点。总需求大于总供给是由超国民收入分配造成的，即国民收入在货币价值形态上的分配超过了国民收入的实际生产额。在这种情况下，就表现为通货膨胀。控制超国民收入分配，保持社会总供给与总需求的基本平衡，是宏观经济调控的首要任务。

··········极简经济学··········
节俭悖论

　　节俭可以增加储蓄，这为个人致富铺平了道路，然而如果整个国家都因勤俭而加大储蓄，将使整个社会陷入萧条和贫困。

　　从微观上分析，某个家庭勤俭持家，减少浪费，增加储蓄，往往可以致富；但从宏观上分析，节俭对于经济增长并没有什么好处：公众节俭→社会总消费支出下降→社会商品总销量下降→厂商生产规模缩小，失业人口上升→国民收入下降、居民个人可支配收入下降→社会总消费支出下降……

§62 两个无聊的人，怎样创造了1亿元的经济产值？

GDP：反映的是国民经济各部门增加值的总额

　　一天饭后，两位青年去散步，为了某个数学模型的证明又争了起来，难分高下的时候，突然发现前面的草地上有一堆狗屎。甲就对乙说："如果你能把它吃下去，我愿意出5000万元。"5000万元的诱惑可真不小，吃还是不吃呢？乙掏出了纸笔，进行了精确的数学计算，很快得出了经济学上的最优解：吃！于是甲损失了5000万元，当然，乙的这顿餐吃得并不轻松。

　　两个人继续散步，突然又发现了一堆狗屎。这时候乙开始剧烈反胃，而甲也有点心疼刚才花掉的5000万元。于是乙说："你把它吃下去，我也给你5000万元。"不同的计算方法，相同的计算结果——吃！甲心满意足地收回了5000万元，乙似乎也找到了一点心理平衡。

　　突然，两人同时号啕大哭："闹了半天我们什么也没得到，却白白吃了两堆狗屎！"他们怎么也想不通，只好去请教他们的导师——一位著名的经济学泰斗。

　　听了两位高足的故事，没想到泰斗也号啕大哭起来。只见泰斗颤巍巍地举起一根手指头，无比激动地说：“1亿元啊！1亿元啊！我亲爱的同学，感谢你们，你们仅仅吃了两堆狗屎，就为国家的GDP贡献了1亿元的产值！”

GDP即国内生产总值。通常对GDP的定义为：一定时期内（一个季度或1年）一个国家或地区的经济中所生产出的全部最终产品和提供劳务的市场价值的总值。在经济学中，常用GDP和GNP（国民生产总值）来共同衡量该国或地区的经济发展综合水平。这也是目前各个国家和地区常采用的衡量手段。

一般来说，国内生产总值有三种形态，即价值形态、收入形态和产品形态。从价值形态看，它是所有常驻单位在一定时期内生产的全部货物和服务价值与同期投入的全部非固定资产货物和服务价值的差额，即所有常驻单位的增加值之和；从收入形态看，它是所有常驻单位在一定时期内直接创造的收入之和；从产品形态看，它是货物和服务最终使用减去货物和服务进口之差。GDP反映的是国民经济各部门增加值的总额。

GDP是宏观经济中最受关注的经济统计数字，因为它被认为是衡量国民经济发展情况最重要的一个指标。但它也有一定的局限性，并不是万能的。因为它并不能反映出社会成本，不能反映经济增长的方式和为此付出的代价，不能反映经济增长的效率、效益和质量，以及社会财富的总积累，也不能衡量社会分配和社会公正。对于GDP，人们应该持科学的态度，不能只片面地注重经济总量和速度的增长，而不顾资源损失、环境污染、生态破坏，这样往往造成的结果是：经济增长了，而人民生活质量却下降了，甚至经济本身也不可能持续增长。因此，对于一个国家来说，既需要高度重视GDP，却又不能片面地去追求其增长速度。

绿色GDP

绿色GDP要求改革现行的国民经济核算体系，对环境资源进行核算，从现行GDP中扣除环境资源成本和对环境资源的保护服务费用，其计算结果可称之为"绿色GDP"。

§63 中国经济的最近一轮周期，谷底会在2015年吗？

经济周期：经济永远在繁荣和衰退之间循环

1929年10月29日是美国历史上最黑暗的一天，"黑色星期二"是股票市场崩盘的日子，经济大萧条也正式开始，失业率攀升到最高点。1933年，有1/4的劳工失业。

1929年的经济大危机引发了各国严重的政治危机，为摆脱经济危机打起了贸易壁垒战，严重依赖美国的德国与严重依赖外国市场的日本，都无法通过自身内部经济政策的调整来摆脱危机，只能借助原有的军国主义与专制主义传统，建立法西斯专政，疯狂对外扩张，欧、亚战争策源地形成。

从1931年日本发动"九·一八"事变、1935—1936年意大利侵略埃塞俄比亚、1936—1939年德意武装干涉西班牙、德国吞并奥地利、慕尼黑协定的签订和德国占领捷克斯洛伐克，到1939年9月初德国突袭波兰，法西斯的战争机器疯狂开动着。

美国于1941年加入第二次世界大战后，经济大萧条也随之结束。美国、英国、法国与苏联等同盟国共同对抗德国、意大利与日本。这场战争死亡的人数不断增加。在德国于1945年5月投降之后，欧洲区的战火也随之熄灭。在美国于广岛与长崎投下原子弹后，日本也随即在1945年8月投降。

经济周期又称商业周期或商业循环，它是指国民总产出、总收入和总就业的波动。这种波动以主要的宏观经济变量，如就业率、物价水平、总产量等普遍的扩张或收缩为基本特征。

一个完整的经济周期可以分为萧条、复苏、繁荣、衰退几个阶段，其中两个主要阶段是衰退阶段和扩张阶段。繁荣，即经济活动扩张或向上的阶段（高涨）；衰退，即由繁荣转向萧条的过渡阶段（危机）；萧条，即经济活动收缩或向下的阶段；复苏，即由萧条转向繁荣的过渡阶段。

经济永远在繁荣和衰退之间循环，人们对于未来生活总是从乐观的高峰跌落到失望的深渊，又在某种契机下雄心再起。

从1978年以来，中国经济增长率最高的波峰年分别是1978年（11.7%）、1984年（15.2%）、1992年（14.2%）和2007年（13%）；经济增长率最低的波谷年分别是1981年（5.2%）、1990年（3.8%）、1999年（7.6%）和2015年（6.9%，假设2015年为本轮周期的波谷年）。如果依据波峰年计算周期的长度，从1978年至2015年的37年间，总共形成了3个经济周期：周期的平均长度为9.66年；若依据波谷年计算周期的长度，从1981年至2015年的34年间也形成了3个经济周期，周期的平均长度为11.33年。

从工业化到现在，世界经济呈现出具有规律性的周期变动已经历了5个长周期，即分别以"早期机械化"技术革命、"蒸汽动力和铁路"技术革命、"电力和重型工程"技术革命、"福特制和大生产"技术革命和"信息和通讯"技术革命为主导的世界经济周期。

经济周期既有破坏作用，又有自动调节作用。在经济衰退中，一些企业破产，退出商海；一些企业亏损，陷入困境，寻求新的出路；一些企业顶住恶劣的气候，在逆境中站稳了脚跟，并求得新的生存和发展。

经济周期可以通过很多重要的渠道影响到我们。例如，当产出上升时，找工作变得比较容易；当产出下滑时，寻找一份理想的工作就会比较困难。

作为市场经济中的一分子，对经济周期波动必须了解、把握，并能制定相应的对策来适应周期的波动，否则将在波动中丧失生机。在市场经济条件下，企业家们越来越多地关心经济形势，也就是"经济大气候"的变化。而作为政府部门，认识经济周期在市场经济中的运行规律和特征，有助于政府在制定扩张性或收缩性的经济政策以及进行政策转换时，增强预见性，避免滞后性。

·········极简经济学·········
经济衰退

当经济中总产出、收入和就业连续6个月到1年明显下降，经济中很多部门出现普遍收缩，则这种经济下降称为衰退。更严重的持续的经济低迷称为萧条。凯恩斯认为对商品总需求的减少是经济衰退的主要原因。

§64 有一种日子叫：
钱在贬值还赚不到钱

经济滞胀：停滞性通货膨胀，又称为萧条膨胀或膨胀衰退

　　1973年中东战争，石油输出国的石油斗争导致西方国家发生的石油危机为其重要触发原因。这次由石油危机所引发的经济危机有一个最为突出的特点，就是这次危机造成了西方资本主义经济较长时间的"滞胀"：整个资本主义世界工业生产下降8.1%，日本高达20.8%；大批企业破产，股票大跌，美、日、西德等10国2年内资本超过百万美元的公司破产12万家以上；失业人数剧增，创战后最高纪录；物价上涨，危机期间物价指数的上升，英国为43.9%，日本为32.5%，发达资本主义国家国际贸易入超达203亿美元，国际收支逆差为392亿美元。萧条过后，各国经济没有出现全面高涨，而是进入滞胀时期，经济发展速度减慢，相对停滞，通货膨胀和物价上涨严重，失业率居高不下。

　　从1987年10月的"黑色星期一"算起，美国整个国民生产总值的增长率以1987年第四季度为最高点，接近7%，从1988年第一季度开始就逐季直线下滑，到1989年第二季度降到1.7%，第四季度下降到接近零，到1990年变为负增长。这次危机从表现上看似平比较温和，实际上其严重程度比上一次更甚。这次危机的恶化阶段，工矿业生产指数下降5.2%。1990年，企业破产数达6万家，8月以后每周宣布破产公司达1500家。失业率于1992年6月达最高值7.8%。从1991年起，日本经济陷入了长期危机或萧条。从1990年至1992年8月，日经指数下跌了62%。1992年，日本股票市值与土地市值共损失406.9万亿日元，相当于该年国内生产总值465.4万亿日元的87%。除美国以外，日本、德国及西欧主要国家事实上并没有彻底摆脱此次经济危机，而是陷入了长期萧条。

滞胀全称为停滞性通货膨胀，又称为萧条膨胀或膨胀衰退。在经济学，特别是宏观经济学中，特指经济停滞与高通货膨胀，失业以及不景气同时存在的经济现象。

通俗地说，滞胀就是指物价上升，但经济停滞不前的经济现象。它是通货膨胀长期发展的结果。

滞胀包括两方面的内容：一方面是经济停滞，包括危机期间的生产下降和非危机期间的经济增长缓慢和波动，以及由此引起的大量失业；另一方面是持久的通货膨胀，以及由此引起的物价上涨。这两种现象互相交织并发，贯穿于资本主义再生产周期的各个阶段，并成为所有发达资本主义国家的共同经济现象。

第二次世界大战以前，经济停滞（包括生产下降）和大量失业只是发生在经济周期的危机阶段和萧条阶段，与此同时发生的则是通货紧缩、物价跌落；而通货膨胀以及由此引起的物价上涨则总是发生在高涨阶段，但在这个阶段里却没有经济停滞和大量失业，当时在经济周期的发展中，"滞"和"胀"是互相排斥的，两者并没有在周期的某一阶段里并存。

第二次世界大战后，情况发生了变化，有些发达的资本主义国家曾先后出现了经济停滞与通货膨胀并存的现象。到20世纪70年代，特别是1973—1975年的世界经济危机期间及其以后，"滞胀"开始扩展到所有发达的资本主义国家，并且十分严重。1973—1975年的危机后，在70年代的后5年中，一些发达资本主义国家的经济仍然处于停滞状态，而通货膨胀比70年代前5年更加严重。

20世纪80年代第一次世界经济危机，即1980—1982年的危机，是在长期"滞胀"的经济条件下爆发的，仍然是在"滞胀"中发展的。1982年年底，欧洲经济共同体国家的失业人数达1200万人左右，失业率约为10%。在这次危机的初期，即1980年，各国的通货膨胀以及由此引起的物价上涨，比1973—1975年危机期间更加严重，但由于美、英等国坚持推行货币金融方面的紧缩政策，主要是控制货币发行量和提高利息率，从1981年起通货膨胀率开始下降。

··········极简经济学··········
经济过热

当经历了长时期的良好的经济增长及经济活动后，消费者增加的财富所带来的高通货膨胀水平和过度的无效投资造成生产能力过剩，最终阻碍经济的增长，并导致经济衰退。不断上升的通货膨胀率通常是经济发展过热的第一个迹象。

§65 上帝欲使人灭亡，必先使其疯狂

泡沫经济：总有一天会破，但不知道是哪天

西方谚语说："上帝欲使人灭亡，必先使其疯狂。"20世纪80年代后期，日本的股票市场和土地市场热得发狂。从1985年年底至1989年年底的4年里，日本股票总市值涨了3倍。土地价格也是接连翻番，到1990年，日本土地总市值是美国土地总市值的5倍，而美国国土面积是日本的25倍！日本的股票和土地市场不断上演着一夜暴富的神话，眼红的人们不断涌进市场，许多企业也无心做实业，纷纷干起了炒股和炒地的行当——整个日本社会都为之疯狂。

灾难与幸福是如此靠近。正当人们还在陶醉之时，从1990年开始，股票价格和土地价格像自由落体一般往下猛掉，许多人的财富一转眼间就成了过眼云烟，上万家企业关门倒闭。土地和股票市场的暴跌带来数千亿美元的坏账，仅1995年1月至11月就有36家银行和非银行金融机构倒闭，爆发了剧烈的挤兑风潮。极度的市场繁荣轰然崩塌，人们形象地称这种经济为泡沫经济。

20世纪90年代，日本经济完全是在苦苦挣扎中度过的，不少日本人哀叹那是"失去的十年"。

泡沫经济是虚拟资本过度增长与相关交易持续膨胀，日益脱离实物资本的增长和实业部门的成长，金融证券、地产价格飞涨，投机交易极为活跃的经济现象。泡沫经济寓于金融投机，造成社会经济的虚假繁荣，最后必定泡沫破灭，导致社会震荡，甚至经济崩溃。

泡沫经济源于金融投机。在正常情况下，资金的运动应当反映实体资本和实业部门的运动状况。只要金融存在，金融投机就必然存在。但如果金融投机交易过度膨胀，同实体资本和实业部门的成长脱离得越来越远，便会造成社会经济的虚假繁荣，形成泡沫经济。

在现代经济条件下，各种金融工具和金融衍生工具的出现以及金融市场自由化、国际化，使得泡沫经济的发生更为频繁，波及范围更加广泛，危害程度更加严重，处理对策更加复杂。泡沫经济的根源在于虚拟经济对实体经济的偏离，即虚拟资本超过现实资本所产生的虚拟价值部分。

泡沫经济得以形成，具有以下两个重要原因：

第一，宏观环境宽松，有炒作的资金来源。泡沫经济都是发生在国家对银根放得比较松、经济发展速度比较快的阶段，社会经济表面上呈现一片繁荣，给泡沫经济提供了炒作的资金来源。一些手中拥有资金的企业和个人首先想到的是把这些资金投到有保值增值潜力的资源上，这就是泡沫经济成长的社会基础。

第二，社会对泡沫经济的形成和发展缺乏约束机制。对泡沫经济的形成和发展进行约束，关键是对促进经济泡沫成长的各种投机活动进行监督和控制，但到目前为止，还缺乏这种监控的手段。这种投机活动发生在投机当事人之间，是两两交易活动，没有一个中介机构能去监控它。作为投机过程中最关键的一步——货款支付活动，更没有一个监控机制。

树上的猴子们一只只都拉着前面一只的尾巴，形成一条链子，把最后一只送到水面,让它在水中捞月。猴子认为,月亮在水中,可等它们真正去打捞时,月亮却破了、碎了。水中的月亮永远只是一个美丽的影像而已。

在经济学里,我们可以这样理解,如今的泡沫经济就如水中的月亮一样,它由投机活动产生,从而造成社会经济的虚假繁荣,最后必定泡沫破灭,导致社会动荡,甚至是经济崩溃。

·········· 极简经济学 ··········
美国房地产泡沫史和美国金融泡沫史

《美国房地产泡沫史》和《美国金融泡沫史》是美国经济学家以美国房地产业和金融业为研究对象而撰写的两部专著,被学界认为是迄今为止研究长周期泡沫经济的权威性成果,中国已经翻译出版中文简体字版。

66 身价暴涨的秘密

虚拟经济：不直接创造价值的经济活动

假设一个市场，有两个人在卖烧饼，有且只有两个人，我们称之为烧饼甲、烧饼乙。他们每个烧饼卖一元钱就可以保本。

一个游戏开始了：甲花1元钱买乙一个烧饼，乙也花1元钱买甲一个烧饼。甲再花2元钱买乙一个烧饼，乙也花2元钱买甲一个烧饼，现金交付。甲再花3元钱买乙一个烧饼，乙也花3元钱买甲一个烧饼，现金交付。

于是在整个市场的人看来，烧饼的价格飞涨，不一会儿就涨到了每个烧饼60元。但只要甲和乙手上的烧饼数一样，那么谁都没有赚钱，谁也没有亏钱，但是他们各自的资产——烧饼"增值"了。甲乙都拥有高出过去很多倍的"财富"，他们的身价提高了很多，"市值"增加了很多。

这个时候有路人丙，一个小时前路过的时候知道烧饼是1元一个，现在发现是60元一个，他很惊讶。他毫不犹豫地买了一个，他确信烧饼价格还会涨，还有上升空间，并且有人给出了超过200元的"目标价"。

在烧饼甲、烧饼乙赚钱的示范效应下，甚至路人丙赚钱的示范效应下，接下来买烧饼的路人越来越多，参与买卖的人也越来越多，烧饼价格节节攀升。所有的人都非常高兴，但是很奇怪：所有人都没有亏钱。

有人问了：买烧饼永远不会亏钱吗？看样子是的。但是突然有一天市场上来了一个人，说了句："一个烧饼的成本价就是1元。"

一语惊醒梦中人，人们也在突然间发现烧饼确实没有那么高的价值。于是，人们争相抛售，烧饼的价格急剧下降。

这时，谁赚了钱？就是占有烧饼最少的人！

虚拟经济是相对实体经济而言的，是经济虚拟化的必然产物。这是近年来出现的一个新词语，最为普遍的解释，是指与虚拟资本以金融系统为主要依托的循环运动有关的经济活动，简单地说，就是直接以钱生钱的活动。

虚拟经济最早的起源可以追溯到私人间的商务借贷行为。例如某甲急需购买某种货物，但他本人没有足够的资金，而某乙手头正好有一笔钱闲置未用，于是某甲便向某乙借一定数额的钱，许诺在一定时期内还本付息。某乙手中的借据就是虚拟资本的一种雏形，它通过借款与还款的循环活动而获得增值。这时某乙并未从事实际的经济活动，只是通过一种虚拟的经济活动来赚钱。

虚拟经济具有如下四个基本特征：

1. 高度流动性

实体经济活动从生产到实现需求均需要耗费一定的时间，但虚拟经济是虚拟资本的持有与交易活动，只是价值符号的转移，相对于实体经济而言，其流动性很大。随着信息技术的快速发展，股票、有价证券等虚拟资本无纸化、电子化，其交易过程在瞬间即可完成。

2. 不稳定性

各种虚拟资本在市场买卖过程中，价格更多地取决于虚拟资本持有者和参与交易者对未来虚拟资本所代表的权益的主观预期，而这种主观预期又取决于宏观经济环境、行业前景、政治及周边环境等许多非经济因素，增加了虚拟经济的不稳定性。

3. 高风险性

由于影响虚拟资本价格的因素众多，这些因素自身变化频繁、无常，并不遵循一定的规律，且随着虚拟经济的快速发展，其交易规模和交易品种不断扩大，使虚拟经济的存在和发展变得更为复杂和难以驾驭，再加上非专业人士受专业知识、信息采集、信息分析能力、资金、时间精力等多方面限制，虚拟资本投资成为一项风险较高的投资领域。

4. 高投机性

有价证券、期货、期权等虚拟资本的交易虽然可以作为投资目的，但也离不开投机行为，这是市场流动性的需要决定的。随着电子技术和网络高科技的迅猛发展，巨额资金划转、清算和虚拟资本交易均可在瞬间完成，这为虚拟资本的高度投机创造了技术条件，提供了技术支持。

············极简经济学············
最大笨蛋理论

人们之所以完全不管某个东西的真实价值，而愿意花高价购买，是因为他们预期会有一个更大的笨蛋出现，他会花更高的价格从他们那儿把它买走。如果没有人花更高的价格把它从你手上买走，那你就是那个最大的笨蛋。

§67 不要轻易把"人口多"
当成负担和包袱

人口红利：经济增长的一个有利条件

有一个网友的博客上描述了这样两个情景。

情景一：饭桌上坐着两个老人、一个年轻的女人，还有一个看上去三四岁的小孩，三个人伺候一个孩子吃饭。两个老人一个是孩子的外婆，一个是孩子的奶奶，而另一个年轻女人是孩子的母亲。

情景二：早上奶奶送孙女上学。孙女走在前面，奶奶在后面拖着一个带轮子的书包。这种书包是博士生们才会用的。因为博士生一般都有特别多的书需要在图书馆、办公室或者家之间转移，这样的书包会很有帮助，容量很大，而且可以在地上拖着走，不费力。可是这个小女孩不过三四年级，就需要这么一个包。

情景一意在说明孩子们享受的人口红利太多；情景二说明孩子们又被要求为未来的人口红利做准备，一个孩子要负担多个老人，负担又太重。

经济学中所说的人口红利，是指一个国家的劳动年龄人口占总人口比重较大，抚养率比较低，为经济发展创造了有利的人口条件，整个国家的经济呈高储蓄、高投资和高增长的局面。

人口生育率的迅速下降在造成人口老龄化加速的同时，少儿抚养比亦迅速下降，劳动年龄人口比例上升，在老年人口比例达到较高水平之前，将形成一个劳动力资源相对丰富、抚养负担轻、对经济发展十分有利的黄金时期，人口经济学家称之为人口红利。而当社会进入老龄化后，劳动年龄人口比例下降，则出现与之对应的人口红利在减少。

中国目前的人口年龄结构就处在人口红利的阶段，每年供给的劳动力总量约为1000万，劳动人口比例较高，保证了经济增长中的劳动力需求。由于人口老龄化高峰尚未到来，社会保障支出负担轻，财富积累速度比较快。

按照国际标准，中国现在已经进入老龄化社会。据预测，2030年以后，中国将进入老龄化高峰时期，到2050年，老年人口总量将超过4亿，老龄化水平推进到30%以上。届时，中国经济的人口红利将丧失殆尽，社会保障支出负担将大幅加重。政府宣布2016年全面放开二孩政策，就是对未来的一种应对。

严格说来，任何完成了人口转变的国家，都会出现这样一种人口红利。许多新兴工业化国家，尤其是东亚国家因为人口转变的历程较短，往往只用几十年的时间就走完了发达国家上百年才完成的人口转变历程。人口年龄结构变化和经济高速增长之间因而表现出了非常强的关联性，人口转变给经济增长带来的"红利"效应，开始被越来越多的人所注意。

事实上，人口红利更像一个机会，只有抓住这一机会并加以很好利用，才能使"机会"转变为"红利"。从这个意义上说，人口红利只是经济增长所面临的一个有利条件：在一定时期内劳动力资源非常丰富。而这一有利条件或者说优势能否转变为实实在在的经济成果，显然依赖于劳动力资源能否得到充分利用。如果在人口红利期，劳动力资源无法得到充分利用，当人口的"机会窗口"关闭后，人口红利也会随之消失。

········· 极简经济学 ·········
人口债务

在人口转变过程中，由于出生率与死亡率下降初始时间与速度不同步，后者先于前者发生。因而在人口转变的前一阶段，易出现人口年轻化趋势，少年儿童快速增长，老年人口增长缓慢，其结果是总抚养比主要是少儿抚养比快速上升，经济增长将深受其累，这时就形成了所谓的人口负债。

§68 不是所有的产品和服务都可由私人提供

公共物品：灯塔为什么只能由政府来兴建

　　早期的英国，灯塔设施的建造与管理是由私人提供的。由于海上航行经常出事故，为了满足航海者对灯塔服务的需要，一些临海人家自己出钱建设了灯塔，然后根据过往船只的大小和次数向船只收费，以此作为维护灯塔日常开支的费用并获取一定的利润。

　　经营一段时间后，灯塔的建造者逐渐发现，过往的船只总是想方设法逃避交费。他们或者绕过灯塔行驶，或者以自己熟悉海路为名干脆就拒绝缴费。建造者们只能增雇人手，加强管理，但他们又没有执法权，就是真碰上不交费的人，也无可奈何。而且，增雇人手也加大了建造者们的成本，慢慢地他们就变得入不敷出了。于是，私人建造的灯塔也就逐渐废弃了。

　　可是，海上航行需要灯塔的指引，那么灯塔就只能由政府出面来建设。过往的船只从此不用再向政府交费，他们将免费使用灯塔资源。

这个故事说明，并不是所有的产品和服务都可由私人提供。政府和其他公共组织的重要职责之一就是要向民众供给私人不愿意提供的产品或服务——公共物品。

经济学家认为公共物品具有非排他性和非竞争性。

所谓非排他性，是指某人在消费一种公共物品时，不能排除其他人消费这一物品，或者排除的成本很高。简言之，排他性是指一件商品某人用了别人就不能再用的特性。

所谓非竞争性，是指某人对公共物品的消费并不会影响别人同时消费该产品及其从中获得的效用，即在给定的生产水平下，为另一个消费者提供这一物品所带来的边际成本为零的特性。而竞争性则是指某人用了一件商品，别人就会少用一件，某人吃了一个苹果，其他人可以吃的苹果就少了一个的特性。

比如，城市道路上的路灯照亮了某人回家的路，并不妨碍照亮某人邻居回家的路；某人得到了路灯照亮道路的好处，也并没有减少某人的邻居得到相同益处的机会。路灯便是由政府提供的公共物品。可以试想一下，假如路灯有一天坏了，政府不去维修。你会去维修路灯吗？对大多数人来说答案是否定的。假如没有政府维修，路灯多数会黑掉。

因此，政府可以解决这个问题。如果政府确信，总利益大于成本，它就可以提供公共物品，并用税收为它支付，可以使每个人获得路灯带来的好处。因此，这种公共物品理应由政府来提供。

················ 极简经济学 ················
公地悲剧与反公地悲剧

　　"公地悲剧"一词最初由英国留学生哈定于1968年提出，他说："在共享公共物品的社会中，每个人均追求自己的最大利益。公有物自由给所有人带来了毁灭。"他说明了人们过度利用公共资源的恶果。

　　1998年，美国黑勒教授提出反公地悲剧理论模型，认为哈定忽视了公共物品及公共资源未被充分利用的可能性。原因是在公地内存在着很多权利所有者，为了达到某种目的，每个当事人都有权阻止其他人使用该资源或相互设置使用障碍，而没有人拥有有效的使用权，导致资源的闲置和使用不足，造成浪费，于是就发生了反公地悲剧。

§69 一定数量的失业不会带来经济问题

失业率：被称为所有经济指标的"皇冠上的明珠"

19世纪的纽约街头，一个因失业而挨饿的年轻人为了躲避房东催交房租，每天都在马路上东跑西窜，生活在羞辱和绝望之中。一天，当他经过一处难民窟时，看见很多妇女拿着旧棉絮烟熏火烤地烹煮从街上捡来的食物，那里的每个孩子都面黄肌瘦，孩童的激情全被饥饿扼杀了，他们虚弱地躺倒在阴冷的地板上，微弱地呼吸着。他们的爸爸妈妈和他一样都是失业的人，只不过，他们中的多数人因为工伤事故而高位截瘫或缺胳膊少腿，生活的艰难一目了然地写在脸上。

年轻人见到此景，感到深深的悲哀。他慢慢地离开了贫民窟，决定从明天开始好好找工作，然后赚取很多的钱来解决这些人的困难。

失业率是指失业人口占劳动人口的比率（即一定时期全部就业人口中有工作意愿而仍没有工作的劳动力数字），它旨在衡量闲置中的劳动产能。失业数据的月份变动可适当反映经济发展。大多数资料都经过季节性调整。失业率被视为落后指标。

通过失业率这一指标可以判断一定时期内全部劳动人口的就业情况。一直以来，失业率被视为一个反映整体经济状况的指标，而它又是每个月最先发表的经济数据，所以失业率指标被称为所有经济指标的"皇冠上的明珠"，它是市场上最为敏感的月度经济指标。

在一般情况下，失业率下降，代表整体经济健康发展，利于货币升值；失业率上升，代表经济发展放缓衰退，不利于货币升值。若将失业率配以同期的通胀指标来分析，则可知当时经济发展是否过热，是否构成加息的压力，是否需要通过减息以刺激经济的发展。

另外，失业率数字的反面是就业率数字，其中非农业就业数字是主要的部分。这个数字主要统计农业生产以外的职位变化情形。它能反映出制造行业和服务行业的发展及其增长，数字减少便代表企业减少生产，经济步入萧条。当社会经济发展较快时，消费自然随之增加，消费性以及服务性行业的职位也就增多。当非农业就业数字大幅增加时，理论上对汇率应当有利；反之，则相反。因此，该数据是观察社会经济和金融发展程度和状况的一项重要指标。

失业率是劳动人口里符合"失业条件"者所占的比例。实际上，确定确实在找工作的失业人员数量是非常困难的，特别是在找到工作前失业救济金已经过期的那些人的数量。失业的历史就是工业化的历史。在农村这并不被看做是一个问题，尽管农村劳动力的隐性失业人员几乎没什么事可做。国际劳工组织发布的"2010年全球失业趋势"报告说，2009年全球的失业人口已接近21 200万，创下该组织1991年开始统计该项数据以来的最高纪录。

根据主观愿意就业与否，可以分为自愿失业与非自愿失业：所谓自愿失业，是指工人所要求的实际工资超过其边际生产率，或者说不愿意接受现行的工作条件和收入水平未被雇用而造成的失业。这种失业是由于劳动人口主观不愿意就业而造成的，所以称为自愿失业，无法通过经济手段和政策来消除，因此不是经济学研究的范围。所谓非自愿失业，是指有劳动能力、愿意接受现行工资水平，但仍然找不到工作的现象。这种失业是由于客观原因所造成的，因而可以通过经济手段和政策来消除。经济学中所讲的失业是指非自愿失业。

似乎所有人都认为，有一定数量的失业是正常的，没有人会为此担心。那么这个数量是多少呢？可以让人接受的失业率是多少呢？1944年，美国1.2%的劳动力被官方划分为失业人口，那时，全部劳动力的1/6就职于军队，人们被要求离开学校就业、放弃退休生活，重新加入工作或者每周工作6天或7天。所有经历过那段劳动力紧缺的日子的人都不会相信，1944年居然有1.2%的劳动力找不到工作。

人们怎么区分失业是否有问题呢？在有些领域内，人们回避整个问题的一个通常说法是，只有在上升至"摩擦性"失业的水平以上时，失业才会成为问题，摩擦性失业是指，一定数量的失业不会带来问题，因为它代表了劳动力市场的正常流动。如果人们相信劳动力市场的正常流动是不随时间改变的确定的常量，那么这种说法也许能令人满意。但是，恰恰相反，有诸多非常合理的理由让人们认为劳动力市场的正常流动是一个变量，而非常量，而且这个变量是随着近年来不断变化的一些因素而变化的。

摩擦性失业通常是不同企业间劳动需求变动的结果。当消费者对康柏电脑的偏好大于戴尔电脑时，康柏公司增加就业，而戴尔公司裁减工人。戴尔公司的工人现在必须寻找新工作，而康柏公司必须决定雇佣哪些新工人从事空缺的各种工作。这种转变的结果是失业的时期。

同样，由于一国的不同地区生产不同的物品。所以，一个地区的就业可能增加，而另一个地区的就业可能减少。例如，考虑世界石油价格下跌时发生的情况。得克萨斯石油生产企业对价格下跌的反应是减少生产和就业。同时，廉价的汽油刺激了汽车销售，密歇根的汽车生产企业增加了生产和就业。各行业或各地区之间的需求构成变动称为部门移动。由于工人在新部门找工作需要时间，所以部门移动可以暂时引起失业。

摩擦性失业不可避免是因为经济总是在变动。一个世纪以前，美国就业最多的四个行业是棉纺织品、毛制品、男性服装、木材行业。现在，四个就业最多的行业是汽车、飞机、通信、电子元件行业。随着这种转移的发生，一些企业创造出了工作岗位，而另一些企业中的工作岗位则消失了。这一过程的最终结果是更高的生产率和生活水平。但是，伴随这一过程，处于衰落行业的工人发现他们失去了工作，并要寻找新工作。

数据表明，美国制造业中每年最少有10%的工作岗位被取消。此外，在普通的1个月中，有3%以上的工人失去了自己的工作，有时这是因为他们认识到，工作并不适合于他们的爱好和技能。许多工人，特别是年轻工人，转而寻找工资更高的工作。在一个运行良好而动态化的市场经济中，劳动力市场的这种变动是正常的，这样摩擦性失业也是不可避免的。

英国经济学家J.M.凯恩斯在《就业、利息和货币通论》一书中提出，在某一工资水平之下，所有愿意接受工作的人，都获得了就业机会。充分就业并不等于全部就业或者完全就业，而是仍然存在一定的失业。但所有的失业均属于摩擦性的和季节性的，而且失业的间隔期很短。通常，人们把失业率等于自然失业率时的就业水平称为充分就业。

充分就业，是指凡是愿意并有能力工作的人都得到了一个较为满意的就业岗位。与之相对应，失业是指愿意并有能力工作的人没有得到就业岗位。失业是想得到就业岗位而被动地失去了就业机会。那些有工作能力而又不愿意工作的人不被视为严格意义上的失业，因而通常叫做自愿失业。

充分就业者在工作岗位上能够做到有效率地工作，人力资源能够得到优化配置。充分就业并不是人人都有就业岗位，在充分就业状态下仍然存在一定数量的结构性失业和摩擦性失业，即因技术进步、产业结构、劳动年龄和需求偏好变化而引起的职业转换过程中的暂时性失业，这种失业具有一定的自然合理性，属于劳动力人口的正常流动，是优化人力资源配置的动态调整过程，是经济发展和社会进步的需要。充分就业被认为是人力资源有效配置的优化状态。

无论是在理论上还是在事实上，充分就业都被认为是存在自然失业率的就业状态。自然失业率是长期均衡的失业率或充分就业的失业率，这时的经济运行周期处在高涨或繁荣阶段，失业补助、社会救济、福利开支、社会保障、生活水平、心理状况、人口规模、运行质态、社会认同等都被认为是可以接受的状态。

现代市场经济运行中的实际失业率若大大高于自然失业率，则表明有效需求不足和市场疲软，经济运行质量有待改进和提升，实际失业率接近或等于零则不可能，至于传统社会主义计划经济中存在的实际失业率接近或等于零的情形，实际上是客观存在的失业人口或过剩人口在非效率性过度就业状态下被"隐性失业人口"或"潜在过剩人口"所掩盖，不仅在事实上没能解决失业人口问题，反而又长期损失了经济和社会发展的应有效率，以此为标志的政治优越性也缺乏可持续性。在不同国家和不同时期具有不同的自然失业率的具体数值，各国政府可以依据具体情况来确定本国特定时期是否实现了充分就业。

在充分就业状态下，每个劳动者都找到了自己期望的就业岗位，劳动者在就业岗位上实在地证明了自身所拥有的自主决策、自愿选择、自由流动、自动就业和自我发展的真实权利。劳动者的可行能力得到了体现、证明和运用，其自身的内在需求偏好获得了满足，有可能实现符合个人意愿的全面发展。

充分就业状态下包括人力资源在内的所有社会资源都得到了最优化配置，实际经济产出GDP接近或等于潜在产出，经济运行曲线处在生产可能性曲线的边缘附近，经济周期处在繁荣和高涨阶段，国民经济的蛋糕已经做到最大，即使收入分配比例保持不变，个人家庭收入和政府财政收入也都会获得相应增长，人口发展、经济增长和社会进步处在动态和谐的健康运行状态。

·········极简经济学·········
周期性失业与结构性失业

周期性失业是由于总需求不足而引起的周期失业，一般出现在经济周期的萧条阶段。结构性失业主要是由于经济结构（包括产业结构、产品结构、地区结构等）发生了变化，现有劳动力的知识、技能、观念、区域分布等不适应这种变化，与市场需求不匹配而引发的。

70 经济增长与失业有什么关系

奥肯定律: 若想要使失业率下降，实际GDP增长须快于潜在GDP增长

　　美国著名的凯恩斯派经济学家阿瑟·奥肯发现了周期波动中经济增长率和失业率之间的经验关系，即当实际GDP增长相对于潜在GDP增长（美国将之定义为3%）下降2%时，失业率上升大约1%；当实际GDP增长相对于潜在GDP增长上升2%时，失业率下降大约1%。若当年实际GDP增长率超过潜在GDP增长率2个百分点，则可以使失业率低于自然失业率1个百分点，即失业率与实际GDP增长率缺口之间的比例为1：2。这条经验法则以其发现者为名，称之为奥肯定律。

　　奥肯定律的一个重要结论是：为防止失业率上升，实际GDP增长必须与潜在GDP增长同样快。如果想要使失业率下降，实际GDP增长必须快于潜在GDP增长。因此，摆在政府面前的选择是，一定要保持GDP的高速增长，这样一方面能迅速提高人民的生活水平，同时也能较好地解决未来的就业压力。

　　不过，奥肯所提出的经济增长与失业率之间的具体数量关系，只是对美国经济所做的描述，而且是对一段特定历史时期的描述，其他国家未必与之相同。当中国正在为经济增长欢呼时，却发现失业率也在增长。

国家统计局公布的数据显示，1985—1990年，全国GDP年平均增长率为7.89%，同期就业人口平均增长率为2.61%；1991—1995年，全国GDP平均增长率为11.56%，同期就业人口年增长率为1.23%；1996—1999年，全国GDP年平均增长率为8.30%，同期就业人口年平均增长率为0.96%。近年来，我国经济增长速度较快，而与此同时，登记失业率亦居高不下。可见，我国就业增长率并没有随GDP增长率同步增长，反而出现较大幅度的降低现象。被国内外实践普遍证明的奥肯定律，为何在中国失灵？

出现这种情况有两种合理的解释：一是虽然经济增长了，但老百姓的收入并没有随之水涨船高，内需无法启动，第三产业发展不起来；二是第三产业虽有发展，但是第三产业的劳动条件和劳工权益太差，劳动者的工作时间长、工作强度大，劳动密集型产业变成了"工时超长型产业"，自然吸纳不了太多的员工。

很多人往往有一个不切实际的幻想，认为经济增长可以一俊遮百丑，只要经济增长了，社会上的许多矛盾和问题都会迎刃而解。于是不惜一切代价招商引资，维护资本利益。

现在，人们必须重新审视经济增长的目的：经济增长是为了增进民众福利，还是GDP和税收的数字攀升？经济增长使人与自然、人与人更和谐，还是有意无意地加剧了贫富差距以及人与资源、环境、社会的紧张对立？如果是前者，经济增长的正当性问题就得到了解决；如果是后者，那样的经济增长就是非正义的，不仅不能解决社会发展中遇到的任何问题，反而会制造出更多的环境问题、经济问题、社会问题乃至政治问题。

········· 极简经济学 ·········
潜在GDP、名义GDP与实际GDP

　　潜在GDP，是当经济社会达到充分就业时候的GDP。是一个国家资源得到充分利用时能实现的GDP，它表明一个国家经济的潜力。名义GDP，是指按当年价格计算的GDP。实际GDP，是按以前某年为基期价格计算的GDP。

　　如果潜在GDP与实际GDP相等，表明一个国家经济的潜力得到了充分发挥，经济处于理想的正常运行状态。如果潜在GDP大于实际GDP，经济潜力没有发挥出来，资源处于闲置状态，那就是经济紧缩。但如果潜在GDP小于实际GDP，说明经济的发展超出了潜力，资源超利用，经济过热，难以持续。

　　中国当前还没有官方公布的潜在GDP数据。

71 克林顿为何被评为20世纪最优秀的美国总统？

财政赤字与财政预算：政府如何花钱，又为何会入不敷出

　　2004年，《福布斯》杂志提出了一个问题：谁是20世纪美国最优秀的总统？在美国前总统里根去世后，这一原本没有定论的问题又再次成为美国人争论的焦点。最后，被美国公众认为最会搞经济的克林顿荣登榜首。

　　克林顿为何被评为20世纪最优秀的美国总统？原因是，美国政府一向以财政赤字而闻名，克林顿时代赤字却转为盈余。

　　在克林顿入主白宫的8年内（1993—2001），美国GDP的增长非常强劲，年均涨幅高达3.5%，高于吉米·卡特和里根两人在任时的水平，只是稍逊于肯尼迪和约翰逊所在美国20世纪60年代经济腾飞时的表现。此外，克林顿也很会把握时机，他在美国人均收入涨幅停滞多年，刚刚出现上升势头的时候适时决定增税，使联邦政府的收入出现了大规模的盈余。

　　最终，克林顿凭着一个规模最小的政府机构，实现了自约翰逊总统时期美国GDP最强劲的涨幅，也是美国政府自杜鲁门总统以来，首次真正出现了财政盈余的局面。

　　但小布什上台后，适逢经济衰退，又对外连续用兵，导致再次出现高额赤字。巨大的财政赤字引发贸易赤字，美国成为世界上"双赤字"最为严重的国家。

　　财政赤字即预算赤字，是指一国政府在每一财政年度开始之初，制定的当年的财政预算方案。若实际执行结果收入大于支出，为财政盈余；若收入小于支出，为财政赤字。

　　理论上说，财政收支平衡是财政的最佳情况，在现实中就是财政收支相抵或略有节余。如果国家财政出现入不敷出的局面，那么这种支出差额在进行会计处理时，需用红字书写，这就是赤字的由来。赤字的出现有两种情况：一是有意安排，被称为赤字财政或赤字预算，它属于财政政策的一种；二是预算并没有设计赤字，但执行到最后却出现了赤字，也就是财政赤字或预算赤字。

　　在现实中，很多经济处于上升状态的国家都需要大量的财富解决大批的问题，经常会出现入不敷出的局面。因此，财政赤字看来似乎不可避免。不过，这也反映出财政赤字的一定作用，即在一定限度内，可以刺激经济增长。当居民消费不足的情况下，政府通常的做法就是加大政府投资，以拉动经济的增长，但是长期的财政赤字会给国民经济造成很大负担，不是长久之计。

　　财政预算制度最早出现于英国，在14~15世纪，新兴资产阶级的力量逐步壮大，他们充分利用议会同封建统治者争夺财政支配权。他们要求政府的各项收支必须事先做计划，经议会审查通过后才能执行，财政资金的使用要受议会监督，以此限制封建君主的财政权。

　　美国直到1800年才规定财政部要向国会报告财政收支，但这时的财政收支报告只是一个汇总的情况而已。1865年南北战争后，美国国会成立了一个拨款委员会，主管财政收支问题。1908—1909年，美国联邦财政收支连续出现赤字，促使美国政府考虑建立联邦预算制度。第一次世界大战后，美国国会于1921年通过了《预算审计法案》，正式规定总统每年要向国会提出预算报告。

财政预算是按法定程序编制、审查和批准的国家年度财政收支计划，它是国家为实现其职能而有计划地筹集和分配财政资金的主要工具，是国家的基本财政计划。中国国家预算由中央预算和地方预算组成，中央预算占主导地位。

政府的财政预算主要有以下功能：

（1）反映政府部门活动或工作状况。财政预算反映了政府部门计划开支项目和资金的拟用情况。

（2）监督政府部门收支运作情况。财政预算坚持量入为出的原则，要求国家财政在收支上保持平衡。

（3）控制政府部门支出。通过预算，可以规范政府行为，避免无计划性、盲目性投入。

政府的财政预算遵循以下原则：

（1）年度原则。年度原则是指政府必须按照法定的预算年度编制国家预算，这一预算要反映全年的财政收支活动，同时不允许将不属于本年度财政收支的内容列入本年度的国家预算之中。任何一个政府预算的编制和实现，都有时间上的界定。预算年度是指预算收支起讫的有效期限，通常为1年。目前世界各国普遍采用的预算年度有两种：一是历年制预算年度，即从每年1月1日起至同年12月31日止，我国即实行历年制预算年度；二是跨年制预算年度，即从每年某月某日开始至次年某月某日止，中间历经12个月，但跨越了两个年度，如美国的预算年度是从每年的10月1日开始，到次年的9月30日止。

（2）公开原则。政府预算反映政府活动的范围、方向和政策，与全体公民的切身利益息息相关，因此政府预算及其执行情况必须采取一定的形式公之于众，让人民了解财政收支状况，并置于人民的监督之下。

（3）可靠原则。每一收支项目的数字指标必须运用科学的方法，依据充分确实的资料，总结出规律性，进行计算，不能任意编造。

（4）法律原则。政府预算与一般财政经济计划不同，它必须经过规定的合法程序，最终成为一项法律性文件。政府预算按照一定的立法程序审批之后，就形成反映国家集中性财政资金来源规模、去向用途的法律性规范。

（5）统一原则。尽管各级政府都设有该级财政部门，也有相应的预算，但这些预算都是政府预算的组成部分，所有的地方政府预算连同中央政府预算共同组成统一的政府预算。这就要求统一的预算科目，每个科目都要严格按统一的口径、程序计算和填列。

··········极简经济学··········
财政预算执行基本环节

财政预算执行是指预算目标的实现过程。它有三个基本环节：组织收入、拨付支出、预算调整与平衡。

72 企业破产法，适用于国家吗？

国家破产：不是一个动词，更像是一个形容词

2008年10月6日，冰岛总理哈尔德通过电视讲话，对全体国民发出警报："同胞们，这是一个真真切切的危险。在最糟的情况下，冰岛的国民经济将和银行一同卷进漩涡，结果会是国家的破产。"当时，他面对的冰岛是一个外债超过1383亿美元、本国货币大幅贬值的黑色乌托邦，昔日在全世界过得最幸福的冰岛人生活在国家破产、朝不保夕的恐惧中。

冰岛人口只有32万，过去仅靠渔业支撑，但在20世纪90年代，全世界进入一个连续10余年高速增长的黄金年代，冰岛的银行体系此时迅速萌芽并以疯狂的速度扩张。它们在全球各地成立分行，发放了大量的贷款，银行因此成为冰岛经济的最强支柱。截至2008年6月30日，冰岛三大银行的资产规模总计达到14.4万亿克朗，约合1280亿美元。与之相比，2007年冰岛的国内生产总值（GDP）仅为1.3万亿克朗。

银行资产的大量累积，让冰岛人尝到了甜头，这个小国人均GDP占到世界第四，美丽洁净的环境、优厚的福利政策让这里成为世人向往的"幸福乐土"。

　　但是当金融危机袭来时，这个国家才发现他们原来正是巴菲特所说的"裸泳者"。总理哈尔德承认，由于冰岛银行产业几乎完全暴露在全球金融业震荡波中，冰岛面临"国家破产"。

　　破产，如同一场噩梦，与企业如影随形，那些资不抵债者最终会在《破产法》的框架内或拍卖变现或资产重组以获新生，而旧有商号如一块随风飘摇的破布很快在人们的记忆中消失得无影无踪。人们从来没有听说过哪个国家会破产，但这种现象现在却真实地出现了，冰岛由于金融危机的冲击，严重地资不抵债，濒临破产的边缘。

　　理论上濒临"国家破产"的冰岛是不会破产的。国家有别于企业的最显著特点是"国家主权神圣不可侵犯"。所以，对于那些贫困国家，尽管外债缠身，理论上足够"破产"几百次，但是并没有被拍卖掉，这些穷国家也没有随之在国际政治版图上消失。

　　当然，国家破产的概念不是特别严格，从理论上说，一个经济单位，小到家庭，大到国家，如果资不抵债就陷入了破产的境地。但是国家和其他单位不同，国家手上第一有课税权，第二有发钞票的权力，第三有举债权，有这三权也就使得国家不可能实际破产。

　　有经济学家认为，所谓的国家破产，实际上也就是对一个国家经济状况的一种描述。首先，就是出现大量的财政赤字、对外贸易赤字；其次，就是出现大量外债；最后，该国家没有偿还外债的能力，同时也没有改善国内经济状况的办法。在这种情况下，就可以说这个国家要破产了。

　　因此，"国家破产"更像是一个形容词，以体现一国经济形势之危急；而不是一个动词，并不预示着一个国家马上就会吹灯拔蜡、改换门庭。就拿冰岛来说，纵然外债远超过其国内生产总值，但是依然可以在现有的国际秩序框架内找到克服时艰的途径，如向俄罗斯这样的大国借债，还可以寻求国际货币基金组织的援助。

有经济学专家认为，要挽救国家破产的危局，就必须从国内、国际多方面寻求解决的办法和渠道：第一，是国际求助，如这次冰岛向俄罗斯寻求贷款——从国外获得帮助来缓解自己的压力；第二，就是通过谈判解决债务问题，比如上一次拉美国家的债务危机，进行国际谈判，对那些无法偿还的债务进行免除、延期等措施，这也是一种缓解危机的办法；第三，就是要发动国内民众共渡难关。只有国际、国内多方面共同努力和配合，才能真正起到挽救的效果。

········极简经济学········

国家破产的严重后果

国家如果破产，政府负债太多，无法偿还，所有的国民都会背上债务，直到有人接手或者还清为止。最后全体国民都将活在对内和对外的债务中，本国的经济也将面临崩溃的危险。借贷国如果通过此途径来控制破产国家，那么其国家将会变成附属国或者傀儡国，在经济上和政治上失去独立的性质，后果是十分严重的。

73 里根总统当演员时，
为何每年只愿拍四部电影？

拉弗曲线：税率高于某一值时，人们就不愿意工作

　　1980年1月，里根刚竞选上总统，其竞选班子特别安排了一些经济学家来为里根上课，让他学习一些治理国家必备的经济学知识。第一位给他上课的就是拉弗。拉弗正好利用这个机会好好地向里根推销了一通他的关于税收的拉弗曲线理论。

　　当拉弗说到"税率高于某一值时，人们就不愿意工作"时，里根兴奋地站起来说："对，就是这样。第二次世界大战期间，我正在'大钱币'公司当电影演员，当时的战时收入附加税高达90%。我们只要拍四部电影就达到了这一税率范围。如果我们再拍第五部，那么第五部电影赚来的钱将有90%给国家交税，我们几乎赚不到钱。于是，拍完了四部电影后我们就不工作了，到国外旅游去。"

　　正因为里根本人的经历与"供给学派"提供给他的理论如此契合，所以他主政后，就大力推行减税政策，从而也使得一开始并没有引起人们注意的拉弗曲线理论登上了经济学主流的大雅之堂。

　　拉弗曲线的主要含义是：当税率为零时，税收自然也为零；而当税率上升时，税收额也随之上升；当税率增至某一点时，税收达到最高额，这个点就是最佳税率；当税率超过这个最佳税率点之后，税收额不但不增，反而开始下降。因为当税率的提高超过一定限度时，企业的经营成本提高，投资减少，收入减少，即税基减小，反而导致政府的税收减少。

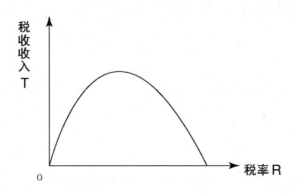

图6-1　拉弗曲线

　　如图6-1所示，拉弗画的这条用来描绘税收与税率之间关系的曲线就被叫做拉弗曲线。拉弗画这条线的意思是提醒政府：适时降低税率能够刺激生产，税收总额反倒会因为税率的降低而增加。

　　如图6-1所示，这条曲线是两头向下的倒U形。当税率超过图中抛物线顶点时，挫伤积极性的影响将大于收入影响，所以尽管税率被提高了，但税收收入却开始下降。如果税率太高，例如100%，政府实际上收不到税，因为当把所有的收入当做税收上缴的时候，人们不愿意生产，投资者更不愿意投资。当然在税收为零的时候，政府也收不到税。

　　其实在我国古代，有关拉弗曲线的原理就已经有所记载。《论语》中鲁哀公与有若的一段有趣的对话，翻译成白话文大意如下：

　　哀公问有若："荒年收成不好，国库里钱不够，应该怎么办？"

有若回答说："能不能将老百姓的税从百分之二十减到百分之十呢？"

哀公说："收百分之二十的税，国库里的钱都不够，如果减到百分之十，那不更少了吗？"

有若再回答道："如果百姓手中没有钱，国库里又怎么能有钱呢？如果老百姓手中有了足够的钱，你又何必为国库里没有钱发愁呢？"

这个故事与西方的拉弗曲线理论有异曲同工之妙。两者所表达的意思就是，税率越高，不一定意味着税收会越多；相反，还将使可能征取的税收数量下降。

基于拉弗曲线，供给学派主张通过减税给人们以更大的刺激，促使人们更努力地工作，更多地投资，更好地发明创造，更勇于承担风险，更敢于消费，更利于资本的流动效率。他们认为，人们的这些行为会切实提高生产效率，切实增强经济实力，切实降低通货膨胀，切实更新换代，并且由于经济发展而能够增加就业。

减税能够缓解中小企业资金难题，降低中小企业财务成本。与各种补贴相比，减税能普遍性地增加中小企业的利润，实实在在地增加其流动资金。而补贴则通常设置了各种条件和门槛，有特定的补贴对象。

如果能够减税，那么就增加了收入预期，促进民间资本的有效投入，有效促使中小企业的技术升级和转型，更加高效地投入竞争，维护市场的均衡状态。减税之所以具有扩张效应，是因为税收是价钱的组成部分，在价钱一定的前提下，税额的多少会直接或间接影响企业可支配利润的多少。税负的凹凸会直接影响利润率，从而影响社会投资的积极性。

减税可以促进就业，扩大消费，增加内需，增强服务产业。中国服务企业所承受的平均税收负担，要高于所有经合组织的国家，服务业和工业所面临的税收差别，也使工业企业为了减少税收负担而不愿将所需服务外包。从而妨碍了服务业的高效发展。服务出口不能享受退税，这也影响了服务业出口。随着经济的进一步发展，服务业相对于工业比重的增加，将起到增加劳动报酬占比的作用，因为服务业中的劳动报酬占比高于工业中的劳动报酬占比。所以努力促进服务业发展，减税应是寻找增加劳动报酬对策的重要方向。

总理李克强上任后，提出减税的政策主张。2015年4月8日的国务院常务会议上，三个议题围绕同一条主线展开：减税降费、减轻企业负担、支持实体经济发展。实际上，李克强上任以来的两年多时间里，多次强调要通过减免税负帮助中国经济爬坡过坎。这是一种以减法做加法的治理思路，如果能得到全国各地有力的实施，相信能取得理想的预期效果。

··········极简经济学··········
直接税与间接税

居民要在收入中拿出一定的份额交税，有的税是自己直接交给政府，如个人所得税，这叫直接税；有的税是通过企业主交给政府，如增值税、消费税、资源税、关税等，这叫间接税。

74 高社会福利必定会
助长人们的惰性吗？

福利国家："从摇篮到坟墓"的保障

　　到过瑞士的人都会对瑞士的湖光山色和居民的悠闲自在羡慕不已。由于瑞士的社会福利制度相当完善，虽然近年来全球经济的不景气波及瑞士，但是这并不影响瑞士人"休息，是最重要的权利"这一座右铭。

　　瑞士是极为重视劳工福利的国家，公民一旦参加工作，雇主就必须为其建立社会保险账户，为他储蓄养老金。作息时间均制度化，员工每年除一般假日外，尚享有4~6天的带薪休假（长短视年龄而不以年资决定），每年年底加发第十三个月薪水为年终奖金（试用期间按规定亦应依照比例发给）。

　　此外，雇主必须依规定负担员工第一、第二退休保险费，以及失业保险费、子女补助费、工作意外保险费、保险公司行政手续费等费用之半数（合计约为员工月薪毛额13%~15%左右），故员工每名子女可由各邦政府发给100~260瑞士法郎不等（各邦所规定之数额不同）之子女补助费。

　　……

　　由于比较完善的社会福利制度，在瑞士很少见到有人"为五斗米折腰"。瑞士努力发展旅游业，政府和商家都施展浑身解数，吸引游客在瑞士消费，但是大多数城市的商店和餐馆在周日和节假日都是不营业的。在一般的瑞士餐馆，晚上10点以后大厨就熄了炉火，不再接待新客人。而瑞士商店除了周四营业到晚上七八点之外，平常都早早关门打烊，因为员工必须赶回家去享受天伦之乐。

　　如何安排每年的休假更是瑞士人的头等大事，许多人通常在前一年就开始计划如何安排日程。他们通常不顾手头的工作进展，该休假就休假，就算老板多给加班费也不干，天大的事情都得等度完假回来再办。瑞士人休假是纯粹的休息，不带手机不穿西装，或者上山或者下海，完全换了一个生活环境。

　　在中国人看来，瑞士人无疑是"懒惰"的，要追究瑞士人"懒惰"的背后原因，就不能不了解社会保障制度。

　　社会保障是指国家和社会通过立法对国民收入进行分配和再分配，对社会成员特别是生活有特殊困难的人们的基本生活权利给予保障的社会安全制度。社会保障的本质是维护社会公平进而促进社会稳定发展。

　　社会保障的思想和实践自古有之。希腊政府从公元前560年起，就对伤残的退伍军人及其遗属发放抚恤金；给失业者、残疾人以衣服、食物和津贴；贫穷的病人可以享受医疗救助。

　　15、16世纪之交，英国由于圈地运动的原因，大量农民丧失生计，流入城市，危及城市正常生活和社会稳定。1601年，英国政府颁布《伊丽莎白济贫法》，以缓解贫困者的生存危机。到了垄断资本主义时期，德国首相俾斯麦于1883—1889年间先后制定并颁布《疾病保险法》等保险立法。这些保险法标志着现代社保制度的诞生。

1935年，美国罗斯福政府颁布《社会保障法》，实行老年保险和失业保险。1945年，在第二次世界大战后英国首次大选中获胜的工党全面实施《贝弗里奇报告》中提出建设福利国家的主张，全面实行社会保障。1948年，英国宣布建成"福利国家"。欧美发达资本主义国家也相继效仿。

福利首先是同人的生活幸福相联系的概念。在英语里，"福利"是welfare，它是由well和fare两个词合成的，意思是"好的生活"。福利国家是资本主义国家通过创办并资助社会公共事业，实行和完善一套社会福利政策和制度，对社会经济生活进行干预，以调节和缓和社会矛盾，保证社会次序和经济生活正常运行。

第二次世界大战后，随着世界经济的不断发展和繁荣，生产的社会化程度进一步提高，使社会保险在世界较大的范围内实现了向国家化、全民化和福利化方面的转变。1948年，英国宣布第一个建成了福利国家后，瑞典、荷兰、挪威、法国、意大利等国也纷纷参照执行了英国的全面福利计划，使社会保险制度在世界范围内得到空前发展。到1993年，实行社会保险制度的国家已达到163个。

高福利必然伴随着高税收。法国是一个高福利国家，也是一个高税收国家，税收分别占财政收入的90%和国内生产总值的50%左右。在个人所得税上，以家庭为纳税单位，具体征税对象的收入标准根据家庭人口数目，按照累进税率征税。凡家庭或主要居住地在法国、在法国从事主要职业活动，或在法国获得主要经济收入者，不论是否拥有法国国籍，均需按收入（包括在法国境外的收入）申报个人所得税。

北欧国家的社会福利制度持续发展了很多年，迄今为止已经形成一套非常完善的制度和机制。这种独具特色的高福利制度，为他们的国民提供了"从摇篮到坟墓"的保障：免费的教育，高额的医疗补贴，完善的就业保障体系等。也正因如此，在20世纪90年代的经济危机出现后"北欧模式"曾广遭诟病。

经济学家们认为，高福利必定会增长人们的惰性，不利于激发国民的劳动积极性和创新动力；高福利靠高税收支撑，而高税收必定不利于国民经济私营部门的发展。

但是，曾经"北欧病"缠身的北欧国家却在21世纪初始拔世界竞争力较量的头筹。2004年10月13日，芬兰再次被达沃斯世界经济论坛评选为"世界上最有竞争力的经济体"，这已经是芬兰连续3年获此殊荣，而与此同时，瑞典获得第三、丹麦第五、挪威第六、冰岛第十。

极简经济学
社会福利

社会福利，是指国家依法为所有公民普遍提供旨在保证一定生活水平和尽可能提高生活质量的资金和服务的社会保障制度。

 # 75 经济学说史上的"哥德巴赫猜想"

漏桶理论：为了公平而增加了开支，甚至丧失了公平，这就是效率的损失

公平与效率始终是经济学争论的主题，甚至被称作经济学说史上的"哥德巴赫猜想"。这是因为：社会经济资源的配置效率是人类经济活动追求的目标，而经济主体在社会生产中的起点、机会、过程和结果的公平，也是人类经济活动追求的目标。

假定有这样一个贫富分化的国家，只有富人和穷人，分别集中居住在东部和西部。国家每天分给东部和西部同样多的粥。东部富人这边人很少，粥相对就多，每天的粥喝不完；西部穷人那边人很多，很多人吃不饱，因此穷人们都认为这样很不公平。

于是，政府决定，从富人的锅里打一桶粥，送给穷人吃，以减轻不平等程度。政府的愿望很美好，只不过为了把粥送到穷人那里，政府需要买装粥的桶、要雇用挑桶的人，增加很多开支，更不幸的是，政府用的那个桶破了个洞，成为一个漏桶。这样，等粥到了穷人那里，一路上漏掉了不少。

为了公平而增加了开支，甚至丧失了公平，这就是效率的损失。美国

经济学家阿瑟·奥肯由此提出了著名的"漏桶理论"，奥肯曾形象地说："当我们拿起刀来，试图将国民收入这块蛋糕在穷人和富人之间做平均分配时，整个蛋糕却忽然变小了。"

从富人那里征收来的每100美元税收，实际上只能使穷人的收入增长50美元，其余的都消耗在勤奋程度下降和管理成本上面。

1. 政府必须雇用税收入员去征收这些收入，必须雇用社会保险会计去分配这些收入。这显然是缺乏效率的，或是无可奈何之举。

2. 随着征税人咬去的那一口馅饼越来越大，富人是否感到积极性受挫从而最终减少工作呢？当税率明显过高时，税收的总收入反而会比在较低税率条件下减少。

再分配这个桶上出现了一个大漏洞。那么以平等的名义进行的再分配，就是以损失经济效益为代价的。

这里所说的蛋糕变小，实际上就是效率的损失，原因主要有两个：一是税收削弱了富人投资的积极性。1929年，尽管美国经济处于萧条时期，但由于当时的税率很低，投资还是占了国民收入的16%；在此之后，联邦税的税率上升了好几个百分点，到了1983年，尽管当时的经济处于复苏时期，但投资率仍没有超过14%。二是税收影响了劳动的积极性。不仅影响富人，而且影响穷人。比如一个失业工人，由于得到了一份月薪并不算高的工作，而失去了政府所有的补贴，他自然也就对找工作不热心了。这样，由于在收入分配的过程中，可供分配的国民收入总量减少了，结果就必然与政府的桶发生了"泄漏"一样，使得富人失去的多，而穷人得到的少。

税收收入之桶最重要的潜在漏泄是储蓄。有人认为高税率阻碍了储蓄和投资。他们担心普遍的社会计划，特别是社会保障和医疗保健计划，会减少人们为年老健康问题而储蓄的动力，从而导致国民储蓄率急剧下降。这些经济学家援引近20年来美国储蓄率下降的事实，作为政府计划对经济影响的证据。在战后大多数时期，平均国民储蓄率保持在国民生产总值8%的水平。今天，甚至不同意政府计划会降低国民储蓄率的经济学家们，也在研究政府如何采取措施扭转这种趋势。

第二次世界大战以后，北欧和西欧国家着力于建立福利社会，既实现了社会公平，又激发了人们的劳动积极性，提高了资源配置效率，在20世纪50～70年代出现了较长期的繁荣与稳定，从而实现了公平与效率的内在统一。20世纪80年代特别是90年代以来，随着福利水平逐步提高，个人所得税率越来越高，个人税收负担越来越重，分配均等化倾向日益明显，劳动与闲暇之间的收入差距越来越小，产生了以闲暇代替劳动的现象，在一定程度上牺牲了效率。

漏桶原理告诉我们公平与效率的交替关系：为了效率就要牺牲某些公平，而为了公平就要牺牲某些效率。

在采取各种步骤将收入从富人向穷人那里进行再分配的过程中，政府可能损害经济效益，并减少可以用来进行分配的国民收入的数量。但在另一方面，如果平等是一种社会商品的话，那么它是值得购买的。

2001年当美国总统布什签署旨在逐步削减并最终废除遗产税的法案时，作为最大"受益者"的富豪们却提出了最强烈的反抗，盖茨、巴菲特等人甚至打出了："请向我们收税！"的口号。但是，今天几乎所有经济学家都达成了共识，如果对富人重税，或者支持那些有能力的穷人，那么这种税制可能会产生不利的影响。因为，随着政府将更多的钱分配给穷人，他不得不提高富人及中等收入者的税收，就如同老师拿出好学生的成绩"奖励"给差学生一样，这样必然会削弱富人们工作的积极性。经济学家必须对这种取舍的幅度做出准确的估计。

这就如用刀来划分馅饼的矛盾，公平代表了如何分馅饼，而效率则表示馅饼的大小，人们必须在公平和效率之间做出选择，因为，效率关注的是能不能尽量把蛋糕做大，而公平则关注是能不能公平地分蛋糕。

············ 极 简 经 济 学 ············
独裁者假设

设想有一种经济体系：独裁者控制一切，把在经济中生产的所有产品都据为己有，并且分给其子民仅够维持生存的极少量产品。这种经济有效率吗？是的，它是有效率的。因为没有办法使其中一个受苦的子民状况变好而不使独裁者的状况变坏，这符合经济学对效率的定义。但是，我们赞同这种经济体系吗？不赞同。因为它显然是不公平的：独裁者的富有与其子民的贫穷。

§76 为国家提供金融服务的银行

中央银行：商业银行背后的贷款人

假设一个岛上有1000口人，与世隔绝，人与人之间交换物品过活，但有时候你手里用来交换的东西不一定就是对方想要的。于是人们就用都喜欢的金银作为交换的东西，但金银会磨损，携带也不方便，为了解决这个问题，就由岛上的管理者发行一种符号，用它来代替金银，这时钞票出现了。

刚开始这种钞票可以随时兑换金银。大家都很放心，因为钞票就是金银。可是岛上金银的产量太小，当人们的交换活动更加频繁时，钞票不够用了，只能暂停交换。由于交换不出去，大家想了一个办法，成立一家钱庄，这个钱庄是大家的，由钱庄来发行钞票，印出的钞票借给想用钱的人，然后这个人有钱了再还给钱庄。于是银行就出现了。

银行的出现，能保证交换活动持续地进行，大家都拼命地生产，岛上的东西越来越多，银行根据产品的生产数量，不停地印制钞票，以保证交换能更深入地进行。人们的交换活动更频繁了，一家钱庄太少了，于是出现了很多钱庄，总要有个管钱庄的吧，于是指定一家钱庄管理其他钱庄，并且钞票只能由这家钱庄印刷，然后通过其他钱庄借给用钱的人，中央银行也就这么出现了。

中央银行产生于17世纪后半期，形成于19世纪初叶。中央银行是"发币的银行"，对调节货币供应量、稳定币值有重要作用。中央银行是"银行的银行"，它集中保管银行的准备金，并对它们发放贷款，充当"最后贷款者"。中央银行是"国家的银行"，它是国家货币政策的制定者和执行者，也是政府干预经济的工具；同时为国家提供金融服务，代理国库，代理发行政府债券，为政府筹集资金；代表政府参加国际金融组织和各种国际金融活动。

中央银行所从事的业务与其他金融机构所从事的业务，根本区别在于：中央银行所从事的业务不是为了盈利，而是为实现国家宏观经济目标服务，这是由中央银行所处的地位和性质决定的。

中央银行的主要业务有：货币发行、集中存款准备金、贷款、再贴现、证券、黄金占款和外汇占款、为商业银行和其他金融机构办理资金的划拨清算和资金转移的业务等。

当发生银行危机时，银行之间也会互相寻求贷款以应付挤兑风潮。但是，银行的准备金都是有限的，山穷水尽之时，谁才是最后的贷款人呢？

通常，在某一国国内发生银行危机时，中央银行可以为其他商业银行提供再贷款，以满足商业银行短期的资金需要，防范银行系统内的危机，看上去，就像是商业银行背后的贷款人。

"最后贷款人"被认为是危机时刻中央银行应尽的融通责任，它应满足对高能货币的需求，以防止由恐慌引起的货币存量的收缩。当一些商业银行有清偿能力，但暂时流动性不足时，中央银行可以通过贴现窗口或公开市场购买两种方式向这些银行发放紧急贷款，条件是这些银行有良好的抵押品并缴纳惩罚性利率。最后贷款人若宣布将对流动性暂不足的商业银

　　行进行融通，就可以在一定程度上缓和公众对现金短缺的恐惧，这足以制止恐慌而不必采取行动。

　　因此，扮演"最后贷款人"的角色，还需要谨慎把握好力度，否则对提升经济状况并不能起到有力的效果。

············ 极简经济学 ············
高能货币

　　亦称"基础货币""货币基数""货币基础""强力货币""始初货币"，它是经过商业银行的存贷款业务而能扩张或紧缩货币供应量的货币。西方国家的基础货币包括商业银行存入中央银行的存款准备金（包括法定准备金和超额准备金）与社会公众所持有的现金之和。因其具有使货币供应总量成倍放大或收缩的能力，又被称为高能货币，它是中央银行发行的债务凭证，表现为商业银行的存款准备金（R）和公众持有的通货（C）。在回购市场中，国债也可被视为高能货币，通过转抵押进行信用创造。

77 谁打个喷嚏，
全球投资人都要伤风？

货币政策三大工具：存款准备金率、再贴现率和公开市场业务

有这样一则新闻：

美国联邦储备委员会主席格林斯潘的两个"喷嚏"，竟引起中国期货市场震荡，成批富豪破产。

2004年4月20日，格林斯潘在国会作证时声称美元已走出通货紧缩。他"金口"一开，全球股市、期市立马"跌"声一片。由于市场预期美元很有可能在短期内会加息，因此直接导致国内铜铝胶等期货品种21~22日两天连续跌停。

4月23日，铜、铝等品种继续大跌。金属期货多头1年多来的收益3天内损失殆尽，许多百万富翁一夜破产。而香港恒生指数也在3天内跌去223点。

4月22日，格林斯潘又声称，"美联储不急于加息"。美股、港股随即大反弹。短短三四天内，全球股市"玩"了一次大蹦极。

格林斯潘是谁？他是美联储的前任"掌门人"。1987年，从美国总统里根任命艾伦·格林斯潘执掌美联储，一直到2005年，本·伯南克接替格林斯潘出任下任美联储主席，格林斯潘为白宫工作18年，历经里根、布什、克林顿、小布什四位总统任期，成为美国史上任期时间最长的美联储主席。

对中央银行的掌门人，美国金融界曾评论："格林斯潘一开口，全球投资人都要竖起耳朵；格林斯潘打个喷嚏，全球投资人都要伤风。"

1913年诞生的美国联邦储备体系在法律上的地位有些特殊，它并非美国政府的一个机构，但也不是真正的私人机构。严格地说，美国联邦储备体系由两部分组成：联邦储备委员会，又译成联邦储备系统管理委员会，和12个地区性的联邦储备银行。虽然《联邦储备法》和其他法案，规定了联邦储备体系的正式结构以及谁在美联储内部占据决策地位。

联邦储备委员会通过在华盛顿特区的办公室来监督整个系统，它的构成像一个政府机关：它的七个理事会成员是由总统提名的，但要得到参议院核准。他们的任期为14年，目的是摆脱来自政治方面的压力。

在美国经济大萧条时期，银行法允许新成立的联邦储备委员会有效控制其余两个货币政策的工具，即公开市场操作和变动法定准备金率，从而推动了权力的进一步集中。1933年的银行法，赋予联邦公开市场委员会决定公开市场操作的权力，1935年的银行法，将公开市场委员会大部分的投票权分配给联邦储备委员会，并且赋予联邦储备委员会变动法定准备金率的权力。

20世纪30年代之后，联邦储备委员会获得了操作货币政策工具的控制权。近年来，委员会的权力进一步增强。虽然由联邦储备银行的董事（经过委员会同意后）选出其行长，但委员会有时会向董事们推荐联邦储备银行行长的人选（通常为职业经济学家），而董事通常会听从委员会的建议。由于委员会能够制定银行行长的工资标准，审查各个联邦储备银行的预算，因此，对储备区银行的业务活动可以实施更大的影响。

格林斯潘之所以"打个喷嚏，全球投资人都要伤风"，正在于他是美国中央银行的掌门人，手握重要法宝——货币政策。

金融体系完整的国家都有中央银行，广义上说，中央银行就是政府的银行，在特殊时期采取必要措施，来保证货币政策的贯彻实施。英国的中央银行是英格兰银行，美国的中央银行是联邦储备体系，日本的中央银行是日本银行，而中国的中央银行是中国人民银行。

中央银行在宗旨、职能、业务等方面和一般的商业银行有着很大的差别。可以说，中央银行是银行的银行，中央银行与商业银行之间是带有管理和被管理性质的特殊关系。作为政府的银行，中央银行在国家经济中占有举足轻重的地位，对于促进经济的发展起着至关重要的作用。

中央银行实施货币政策，有三样制胜"法宝"：存款准备金率、再贴现率和公开市场业务。

1. 存款准备金率

作为追求最大利益的银行家，明白存款是有需即付的，只要顾客来提取自己的存款，银行必须在第一时间支付，这就需要银行有足够的储备，来满足这种需求。银行需要具备的这些储备就叫做存款准备金。那么存款准备金的数额是多大呢？

如果所有的存款在同一时间必须全部付清，那么准备金的数额就等于存款的总量；但是在现实中这种情况几乎从来没有发生过，而且，在同一天之内，总有一些人存款一些人取款，这两类交易的数额常常互相抵消。对于银行家来说，以准备金形式持有的资金是无利可图的，它们躺在银行的保险柜里连利息都赚不到，于是早期的银行家们就想到，把顾客的存款借贷出去。把大部分货币存款借贷出去赚取利息，而留下小部分货币存款作为现金准备金应付顾客的支取。这样银行家的利润在开始单纯地收取手续费的基础上，又增加了借贷的利息，实现了利润的最大化。

　　那么商业银行留取准备金的数额，应该占存款总额的多大比重呢？这就需要中央银行来制定。

　　各国的金融法规都有明确规定，商业银行必须把自己吸纳的存款的一部分存到中央银行，而这部分资金与存款总额的比率，就是存款准备金率。中央银行如果提高存款准备金率，那么流通中的货币会成倍缩减，因为商业银行交到中央银行的准备金多了，可供自身支配的资金便少了，因而银行给企业的贷款就会减少，相应的，企业在银行的存款会更少，于是在整个社会上就会出现"存款—贷款"的级级递减，导致社会货币总量的大幅降低。就像我们在调试音响的过程中，如果降低功放机的功率，输出的音量就会减小，中央银行提高存款准备金率就是这个道理。反之，如果中央银行把存款准备金率调低，流通中的货币量就会成倍增加。

2. 再贴现率

　　企业向商业银行借贷货币时，常常把没有到期的商业票据转让给银行，以取得贷款，这种行为在经济学上称为贴现。

　　而中央银行作为"银行的银行"，扮演的是最后贷款人的角色。商业银行在囊中羞涩、资金周转困难时，就需要向中央银行求借。这种借贷和企业向商业银行借贷的性质一样，也需要有所付出。于是商业银行就如法炮制，把从企业那里得来的没有到期的商业票据再转让给中央银行，这种行为在经济学上称为再贴现。而中央银行接受商业银行的票据，也是有条件的，要在票据原价的基础上打折，这个折扣率就是再贴现率。很明显，中央银行如果对再贴现率作出改动，就相当于增加或减少商业银行的贷款成本，抑制或鼓励商业银行的信用扩张积极性，同时，货币供应量也会相应地收缩或膨胀。

　　贴现率是一个在现代经济学中占有重要地位的基本概念，它解决了未来的经济活动在今天如何评价的问题。所谓的贴现率，是指未来的款项折合为现值的利率。

　　我们前面说过，商业银行需要增加贷款或者现金吃紧时，需要一部分货币，这时它们就把自己银行拥有的一部分商业票据交给中央银行，中央银行按照一定的比率，扣除一部分钱后兑换为现金。这样商业银行就可以把票据换为现金或者充当存款准备金，扩大自己的放款数量。而这个折扣率就称为再贴现率。

　　再贴现率，是商业银行将自己拥有的未到期票据向中央银行申请再贴现时的预扣利率。再贴现意味着商业银行向中央银行借款，增加了货币投放，也就直接增加了货币供应量。再贴现率的高低，直接决定着再贴现额的高低，并且间接影响商业银行的再贴现需求，进而影响再贴现的整体规模。一方面，再贴现率的高低直接决定再贴现成本的高低，如果再贴现率提高，那么再贴现成本就随之增加，反过来也是同样的道理，因此影响到再贴现需求；另一方面，再贴现率的变动，是中央银行政策意向的反映。中央银行通过调整贴现率来实现某种货币政策，当经济过热时，中央银行为了控制货币数量和商业银行的放款额度，就会提高再贴现率，以减少商业银行的借贷款数量；而当经济萧条时，中央银行就会降低再贴现率，把商业银行手中的债券吸收过来实行贴现，以增加商业银行的准备金，鼓励商业银行发放贷款，刺激社会的消费和投资，实现社会经济的正常运转。

3. 公开市场业务

　　在平时对货币政策做宏观调控时，中央银行使用最多的是公开市场业务。

　　公开市场业务，是指中央银行在公开的金融市场上购买或售卖政府的有价证券，增加或减少商业银行的准备金，从而影响整个经济活动，实现既定目标的行为活动。中央银行买进有价证券时，会向出卖者支付货币，从而增加流通中的货币量。而中央银行在卖出有价证券时，就会使流通中的货币量减少。

　　公开市场业务最大的优点是对经济的震动小，因而中央银行可以经常运用它对经济进行微调，而且操作过程灵活方便。自20世纪50年代起，美联储90%的货币吞吐就是通过公开市场业务来实现的，其他很多国家也都采用公开市场业务来调节货币供应量。

公开市场业务的操作可以分为两类：能动性的公开市场操作和保卫性的公开市场操作。能动性的公开市场业务，以改变准备金水平和基础货币为目的；保卫性的公开市场业务，则以抵消影响货币基数的其他因素的变动为目的。比如美联储公开市场操作的对象是美国财政部和政府机构证券，特别是美国国库券。

公开市场操作相对于其他货币政策工具，具有主动性强，灵活性强等明显的优越性。于是各国政府的货币操作手段逐渐出现趋同趋势，都逐渐向依赖中央银行的公开市场业务靠近。但是公开市场业务想要有效地发挥作用，还受一些条件的限制，只有满足了这些重要的前提，公开市场业务才能最大限度地发挥作用。

由上我们可以看出，国家的货币政策就像一只"大手"，不断地校正着国家经济的方向，对经济会产生重大的影响。那么，我们就很有必要对货币政策作深入的了解。

通常来说，货币政策是指中央银行为实现既定的经济目标（稳定物价，促进经济增长，实现充分就业和平衡国际收支），运用各种工具调节货币供给和利率，进而影响宏观经济的方针和措施的总和。

货币政策分为紧缩性的和扩张性的两种。

紧缩性的货币政策，是通过削减货币供应的增长率来降低总需求水平，在这种政策下，取得信贷较为困难，利息率也随之提高。因此，在通货膨胀较严重时，采用紧缩性的货币政策较合适。

扩张性的货币政策，是通过提高货币供应增长速度来刺激总需求，在这种政策下，取得信贷更为容易，利息率会降低。因此，当总需求与经济的生产能力相比很低时，使用扩张性的货币政策最合适。

·········· 极简经济学 ··········
流动性陷阱

　　一般情况下，央行增加货币投放后，在自由市场上，将会导致利率下降。而凯恩斯提出一种假说，认为当一定时期的利率水平降低到不能再低时，人们就会产生利率上升而债券价格下降的预期，货币需求弹性就会变得无限大，即无论增加多少货币，都会被人们储存起来，这就是流动性陷阱。发生流动性陷阱时，再宽松的货币政策也无法改变市场利率，使得货币政策失效。

78 和平年代，国与国之间的合作与战争

国际贸易：对一个国家来说，有正面和负面的影响

　　有这样两个相邻的国家，一个大国，一个小国。大国是平原地区，适合谷物生长；小国是山区，适合种桑和生产丝绸。两国之间每有争端之际，小国万众一心的防备让大国感到难以下手！

　　有一天，大国的国王忽然要求本国的百姓们不得种桑，只能种粮。一时间，丝绸大涨，粮价下跌。于是小国的人多种桑树，减少种粮，多生产丝绸，以满足大国消费的需要。

　　很多年过去了，小国越来越富，生产的丝绸质量越来越好，技术附加值也越来越高。时间一长，小国的人都不种粮食了。而大国粮食种得也不错，产量提高了，粮库多得装不下，多余的部分也能卖到小国去，日子过得也不错。

　　日子一天天过去了，大家都生活在相互依存的世界中，小国和大国因为经济上的联系加强，军事上的争端减少了。

　　直到有一年，老天突然大旱，粮食减产，大国的国王宣布粮食向小国禁运，不到半年，小国的国王带着多年来积累的所有财富和举国的臣民投降了！

以经济学的眼光看，这就是利用国际贸易毁灭了一个国家。这向人们传达了一个信息：国际贸易对于一个国家来说，是非常重要而又伴随着风险的。

国际贸易也称世界贸易，是指不同国家（和/或地区）之间的商品和劳务的交换活动。国际贸易是商品和劳务的国际转移。对于任何一个国家而言，国际贸易都同时有着正面和负面的影响。

国际贸易可以有效利用世界的资源，从而为各国提供更多的发展机遇，使其变得更加富裕。比如泰国生产稻米的成本较低，而日本生产电子产品的成本较低，那么泰国和日本可以进行稻米与电子产品的贸易，这样就有效避免了资源浪费。

但国际贸易的负面影响也很明显。由于各国之间经济发展的不平衡，发达国家依靠强大的经济实力自私地进行经济侵略，让发展中国家遭受更大的损失。在这种情况下，国际贸易就像是一场经济领域的世界大战了。

受全球经济危机的影响，美国2009年对中国产品发起了更加有恃无恐的贸易保护措施。据中国商务部统计，2009年，美国已对中国产品发起10余起"贸易救济调查"。不过，在这一场贸易大战中，中国并没有示弱。

2009年9月，在中国轮胎被加征35%的惩罚性关税后几天，中国商务部宣布对美国部分进口汽车产品和肉鸡产品，启动反倾销和反补贴立案审查；紧接着，美国商务部初步裁定对从中国进口的油井管征收反倾销税，中国商务部立即宣布对原产于美国的排气量在2.0升及以上的进口小轿车和越野车发起反倾销和反补贴调查；美国又宣布对中国生产的铜版纸等实施反倾销与反补贴的合并"双反"调查。在这期间，欧盟对中国产不锈钢管征收反倾销税、澳大利亚对中国产铝合金型材征收16%反倾销税等也不时出现，中国正面临一场空前的国际贸易大战。

国际贸易纠纷一旦爆发，势必异常激烈，因为它往往关系到一个国家某个行业的整体利益，进而牵连到国家的经济命脉。因此，维护自由贸易、反对成员国采取单方面的贸易限制措施的世界贸易组织便应运而生，对解决国际贸易纠纷起到了积极的作用。我国在加入WTO后，与我国有关的诸多贸易争端便可以依据世贸组织的多边机制予以应对，更好地维护自身的利益，取得更快的经济发展。

···········极简经济学···········
国际分工简史

国际分工是指世界上各国（地区）之间的劳动分工，是各国生产者通过世界市场形成的劳动联系，是国际贸易和各国（地区）经济联系的基础。

从历史来看，国际分工主要经历了三个阶段：

（1）18世纪开始的第一次工业革命，由于机器的发明及其在生产上的应用，生产力空前提高，分工空前加深。英、法等国首先发展为工业国，而其他广大国家则处于农业国、原料国的地位。

（2）19世纪末至20世纪初，随着生产力的提高，分工更加精细。特别是发电机、电动机、内燃机的发明及其广泛应用。英、美、德等国的基础设施与某些轻工业和采矿业有一定发展，但仍不同程度地处于初级产品供应国的地位。

（3）20世纪40年代和50年代开始的第三次科技革命导致了一系列新兴工业部门的诞生，如高分子合成工业、原子能工业、电子工业、宇航工业等。国际加工的形式从过去的部门间专业分工，向部门内专业化分工方向迅速发展。

79 过高的贸易顺差是一件危险的事情

贸易顺差与贸易逆差

中国的国际收支在数百年来曾经发生过几次重大的变化，从明朝时期中欧直接贸易开通之后，一直到鸦片战争前夕，中国的对外贸易收支整体格局是巨额贸易顺差。在鸦片战争之后，西方列强大规模向中国销售鸦片，中国经常项目收支从持续了数百年的贸易顺差转为贸易逆差。在此期间，一直到1949年，中国贸易顺差是非常少的，而贸易逆差是经常的现象。自此之后，国际收支压力也无时无刻不压在中国领导者心头。1985、1986年，中国经济贸易顺差时，经济收支顺差都超过五年，在我们国家遭受西方贸易制裁之后，出现了逆差。在这段时间里，我们终于扭转了鸦片战争前西方国家导致我国经常贸易逆差的持续格局，回到了明朝到鸦片战争之前顺差的格局。

中国改革开放以来，中国开放经济发展是突飞猛进的，这段时期，中国经济发展最突出特点之一，就是对外贸易增长快于国民经济增长，对外贸易依存度持续上升到国际最高水平，中国多年的出口导向战略为中国创造了世界第一的外汇储备，国际组织认为中国的外贸神话是全球化时代最大的成功故事。

所谓贸易顺差是指在特定年度一国出口贸易总额大于进口贸易总额，又称"出超"。表示该国当年对外贸易处于有利地位。

贸易逆差是指一国在一定时期内（如一年、半年、一季、一月）进口贸易总值大于出口总值，俗称"入超"，即"贸易逆差"，或叫"贸易赤字"；表明一国的外汇储备减少，该国商品国际竞争力弱，该国当年在对外贸易中处于不利地位。

换一种说法，在单位时间里（通常按年度计算），贸易的双方互相买卖各种货物，互相进口与出口，如果甲方的出口金额大过乙方的出口金额，或甲方的进口金额少于乙方的进口金额，其中的差额，对甲方来说，就叫做贸易顺差；反之，对乙方来说，就叫做贸易逆差。一般就贸易双方的利益来讲，其中得到贸易顺差的一方是占便宜的一方，而得到贸易逆差的一方则是吃亏的一方。可以这么说，贸易其实是为了赚钱，而贸易顺差的一方，就是净赚进了钱；而贸易逆差的一方，则是净付出了钱。

贸易顺差的大小，在很大程度上反映一国在特定年份对外贸易活动的状况。通常情况下，一国不宜长期大量出现对外贸易顺差，因为此举很容易引起与有关贸易伙伴国的摩擦。例如，美、日两国双边关系市场发生波动，主要原因之一就是日方长期处于巨额顺差状况。与此同时，大量外汇盈余通常会致使一国市场上本币投放量随之增长，因而很可能引起通货膨胀压力，不利于国民经济持续、健康发展。同样，一国政府当局应当设法避免长期出现贸易逆差，因为大量逆差将致使国内资源外流，对外债务增加，这种状况同样会影响国民经济正常运行。

贸易顺差并非越多越好，过高的贸易顺差是一件危险的事情，意味着本国经济的增长比过去几年任何时候都更依赖于外部需求，对外依存度过高。巨额的贸易顺差也带来了外汇储备的膨胀，给人民币带来了更大的升值压力，也给国际上贸易保护主义势力以口实，认为巨额顺差反映的是人民币被低估。这增加了人民币升值压力和金融风险，为人民币汇率机制改革增加了成本和难度。比较简单的对策就是拉动国内消费。

国际收支平衡

一国国际收入等于国际支出时，称为国际收支平衡。一国国际收支的状况，主要取决于该国进出口贸易和资本流入流出状况。

80 市场开放的国家，
每天都在进行汇率战争

汇率政策：国际贸易中最重要的调节杠杆

　　一个外星人到地球参观，看到地球上有两棵果树，一棵种在欧洲，另一棵种在中国，都结了果子。外星人很眼馋，对地球人说："我要买你们的果子吃。"

　　地球人说："好，但要先确定你到哪里去买，到中国去买，1元人民币1个；到欧洲去买，1欧元1个。"

　　外星人说："那我用1欧元买一个好了。"

　　地球人说："且慢！其实你不用花钱就可以，你先从中国借1个果子，到欧洲去换1欧元，拿1欧元到中国去，就可以换10个果子，拿一个果子还给中国人，你就白得了9个果子。你再拿9个果子去换9欧元，再到中国去换90个果子，拿这90个果子再去换90欧元，到中国去换900个果子——这样下去，中国的好东西都被你买光了！"

　　外星人说："哪有这样的好事！那中国人为什么不到欧洲去卖个好价钱？"

　　地球人说："中国有关方面规定，10元人民币等于1欧元，也就是规定了10个中国的果子等于欧洲1个果子啊！"

汇率，亦称外汇行市或汇价。一国货币兑换另一国货币的比率是以一种货币表示另一种货币的价格。由于世界各国货币的名称不同，币值不一，所以一国货币对其他国家的货币要规定一个兑换率，即汇率。

汇率是国际贸易中最重要的调节杠杆。因为一个国家生产的商品都是按本国货币来计算成本的，要拿到国际市场上竞争，其商品成本一定与汇率相关。汇率的高低也就直接影响该商品在国际市场上的成本和价格，进而影响商品的国际竞争力。例如美元升值而人民币贬值，就会有利于中国商品对美国的出口；反过来，美元贬值而人民币升值，却会大大刺激美国对中国的出口。

汇率的波动会给进出口贸易带来大范围的波动。日本和美国为什么不停地给人民币施压升值压力？一个重要原因就是，人民币升值可令中国出口商品在国际市场上的成本有较大幅度的增加，能打击中国商品的竞争力，并反过来刺激中国大量进口别国的商品。正因如此，很多国家和地区都实行相对稳定的货币汇率政策。

实际上，世界各国政府都极大关注汇率状况。在与国外正式进行贸易后，所有国家每天都在进行汇率战争，这并非凭空虚构。从历史上看，汇率战争中获胜的国家歆享了经济繁荣，而失利的国家则要忍受严重的经济苦难。一个国家在本国货币的对外价值，即以汇率为对象进行的战争中获胜与否，左右着一个国家的经济命脉。当然，经济的兴衰不是完全由汇率决定的，许多经济变量共同作用于国家经济，决定其兴或亡、增长或衰落。

经济学的经济增长理论认为，劳动、资本、技术、资源等生产要素的增加能够促进经济增长。不过，这一理论也有其根本的局限性。因为当其他生产要素保持了一定的水平，而只有生产要素中的一个或几个要素增加了，经济本应增长，但却出现衰落的情况比比皆是。

举例而言，朝鲜时代末期或中国清朝末期，劳动和资本的积累增加了，科学技术或资源也未退步，但经济困难却日渐深化。这些事实表明，生产要素可以作为说明经济增长的重要变量，但在寻找经济衰落的原因时却毫无助益。打个比方，这与身高、体重等体格超出常人的人并不都能成为优秀的田径运动员或足球运动员是一样的道理。劳动、资本、技术和资源等经济条件也是如此。

经济学者们对经济衰落的具体原因列举如下：投资率和储蓄率的减少；生产率低下；经济结构从实物产业移向金融产业；在国际竞争中失败；经济关注点从生产移向消费和财产方面等等。不过，很难区分这些是经济衰落的原因还是结果。举例来说，尽管20世纪90年代美国的投资率和储蓄率较日本或欧洲的其他国家相对低些，而且美国的储蓄率较以往减少了，但经济增长率反而更高了。美国不仅在海外市场竞争中失利，在国内竞争中也败给了其他国家，从实物产业向金融产业的结构变化很快，国民关注点从生产向消费或财产方面转移得也很迅速，可是美国却在20世纪90年代到21世纪初实现了长期的经济繁荣。

一部分经济学者探讨了国民性的重要性问题。他们列举了经济增长国家的国民性，如对环境变化的适应力、资源分配的转换能力、创意性和发明能力、活跃性、反应力和灵活性、恢复力等；同时，他们也列举了衰落或停滞国家的国民性，如对变化的抗拒、逃避危险、懒惰、麻木、被动、懈怠、麻痹状态等，不过，也很难区分这些是增长或衰落的原因还是结果，实际上，不被视为结果更符合现实。在新近新兴工业国中，特别是东南亚国家更加证明了这一点。过去东南亚各国的国民虽然被错误地评价为具有懒惰等国民性，但经济跃进后，他们变得勤劳和具有挑战性，不逊色于任何民族。随着经济的增长，国民性也发生了根本性的转变。

为了成功引领汇率政策，应正确地推断增长潜力和国际竞争力。如果对增长潜力和国际竞争力估值偏低或估值偏高，汇率政策只能失败，因为汇率政策在正确推定增长潜力和国际竞争力时才能成功。如果增长潜力和国际竞争力的增长率较许可范围记录得高，经济就会马上力竭。相反，如果增长潜力和国际竞争力的增长率较许可范围记录得低，增长潜力和国际竞争力就会恶化。打个易于理解的比喻，如果马拉松选手赛跑的速度超过了自身的能力（体力），就会很快精疲力竭，无法赛跑了。同样，如果赛跑的速度低于自身的能力，选手的实力就会逐渐降低，因为马拉松运动员的实力要在试图跑得最快的过程中才能提高。汇率政策与此没有太大的不同。

如果实施的汇率政策以记录的增长率超出了增长潜力和国际竞争力为前提，则物价会出现严重的不稳定，导致物价上涨的恶性循环。随之，国际收支严重恶化，外汇储备枯竭，进而爆发外汇危机。这种情况在发展中国家时常发生，也偶发于发达国家。实际上，美国在20世纪60年代实施了扩大财政支出以提高增长率的政策，但进入70年代，物价不稳定问题才真正暴露出来，加之石油危机的来袭，美国深受严重的滞胀危机之苦。虽然国际收支迅速恶化，但由于美元是国际基础货币，所以没有遭遇外汇储备枯竭的危机。

不过，英国的情况完全不同。它与美国一样在20世纪60年代，扩大了财政支出，维持了经济的良好态势，不过记录的增长率较潜在增长率高，因而出现了物价不稳定和国际收支的恶化。接下来的几年，英国不仅深受滞胀的煎熬，还遭遇了外汇危机，最终不得不于1976年年末接受IMF的救济贷款。

潜在增长率是指以不引发物价不稳定和国际收支恶化为前提的最高增长率，因此，不发生物价不稳定和国际收支恶化时所达到的最高增长率可以视为潜在增长率。特别是在开放进口的情况下，国际收支不恶化期间记录的最高增长率可以推定为潜在增长率。

　　换言之，实现国际收支均衡时记录的最高增长率就是国际竞争力，因为物价不稳定，进口会首先急剧上升。

　　经济的兴衰并非单纯由某一个变量决定。汇率政策决定了国家经济的兴衰也很难被视为一般理论。尽管如此，汇率浮动对国家经济的兴衰具有十分重要的作用，这一事实是被历史证明了的。

　　仔细察看世界历史中反复上演的经济兴衰过程，特定的经济变量不是在一个时代都同时出现的，同时出现的现象并不多，汇率政策的成功和失败与其他因素共同决定了经济的命运。

　　汇率政策的成功和失败，对国家经济的兴衰产生着更普遍、更强有力的影响，对于汇率政策的制定和实施，各个国家需要极为慎重。

汇率政策

　　汇率政策是指一国政府利用本国货币汇率的升降来控制进出口及资本流动，以达到国际收支均衡之目的的政策。

　　汇率政策的国际协调可以通过国际融资合作、外汇市场的联合干预，以及宏观经济政策的协调进行。